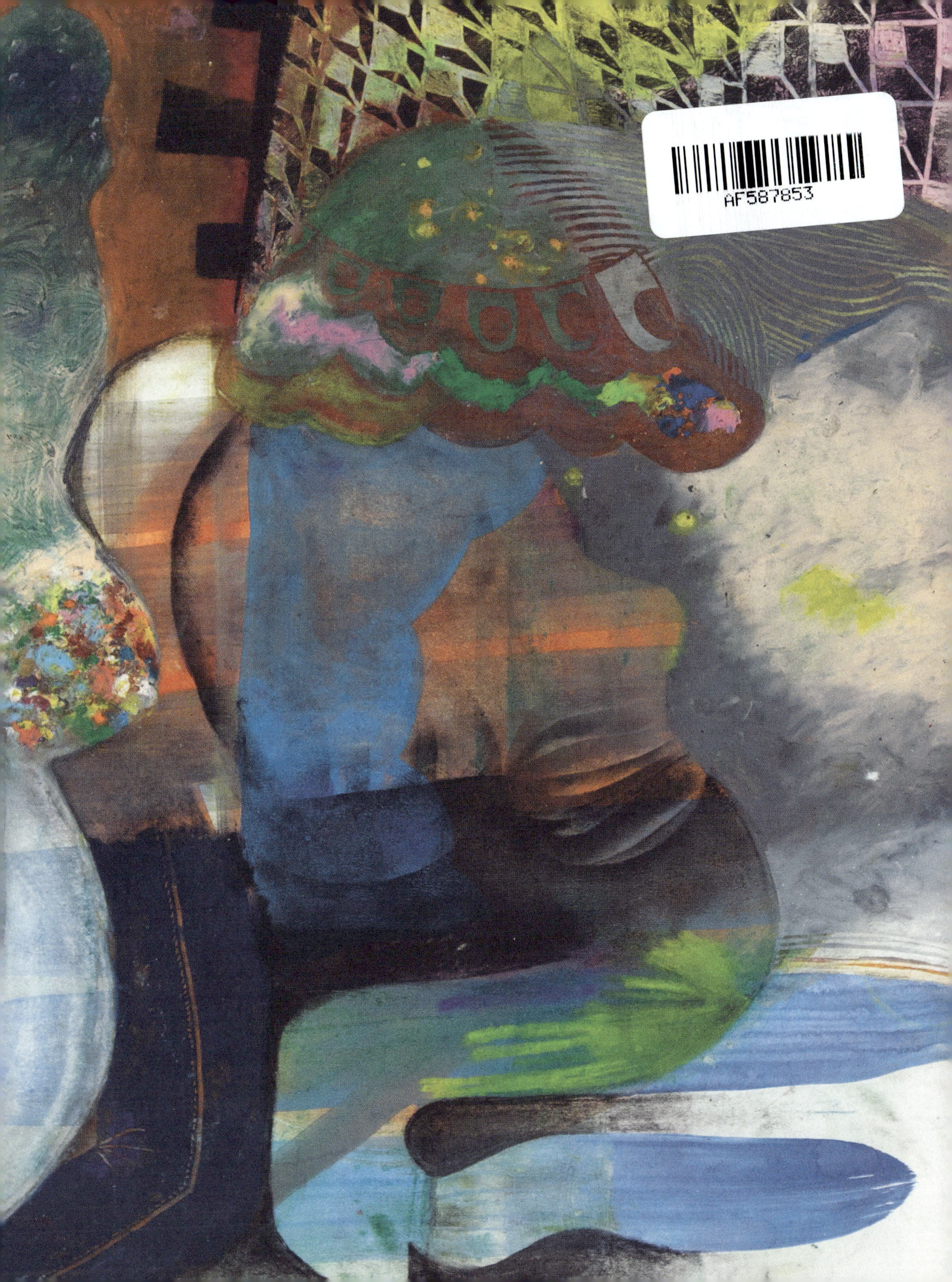
AF587853

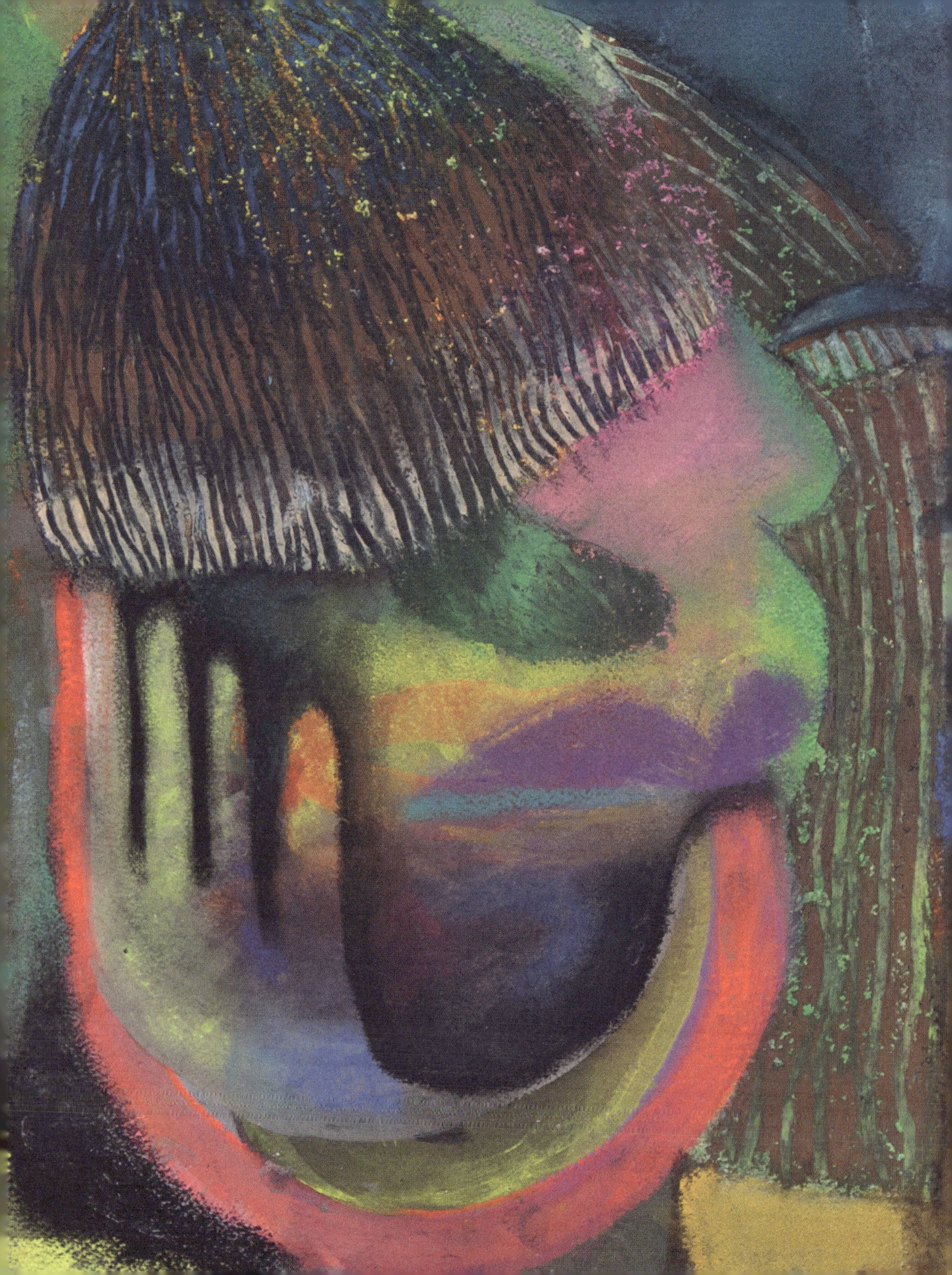

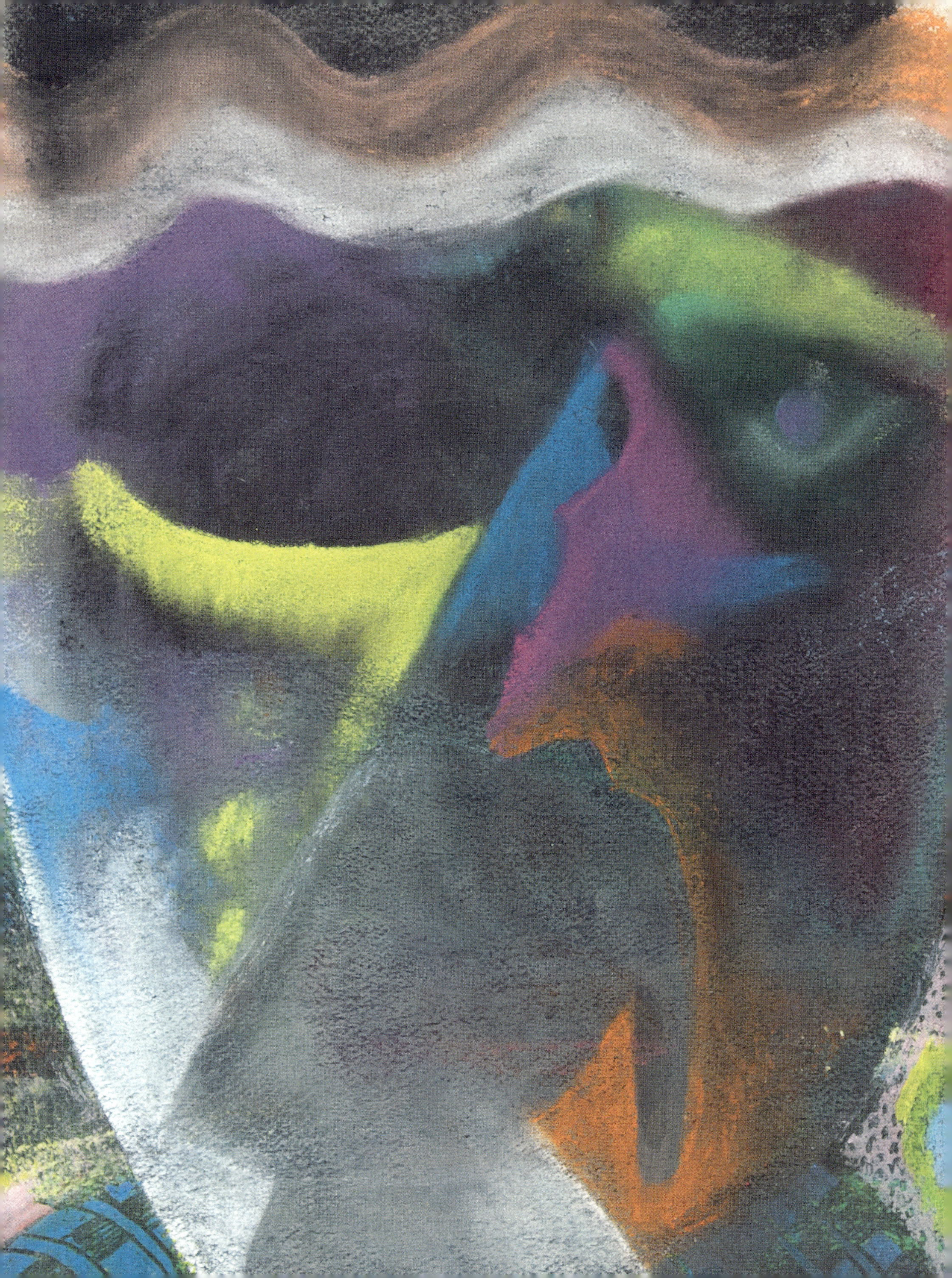

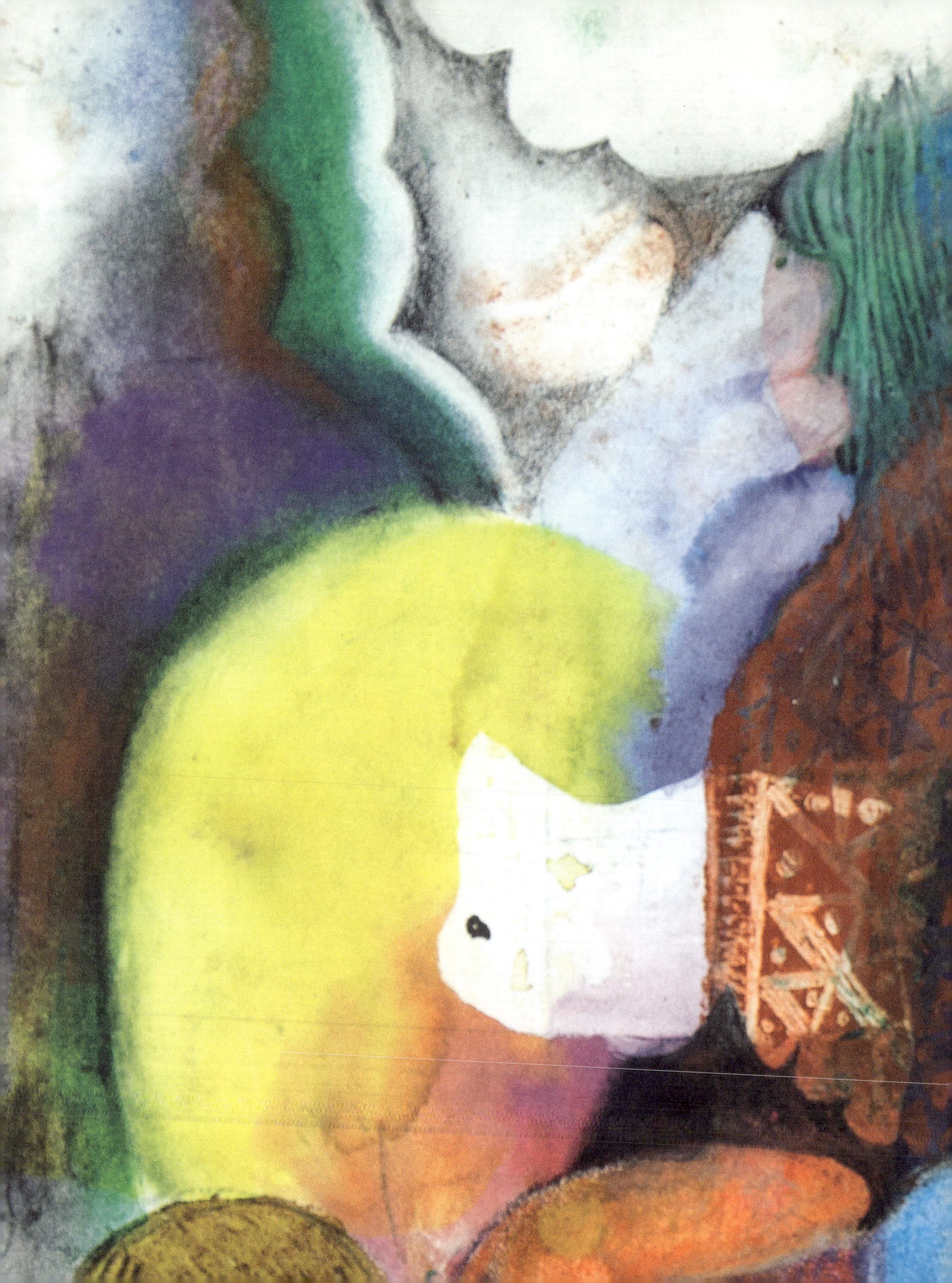

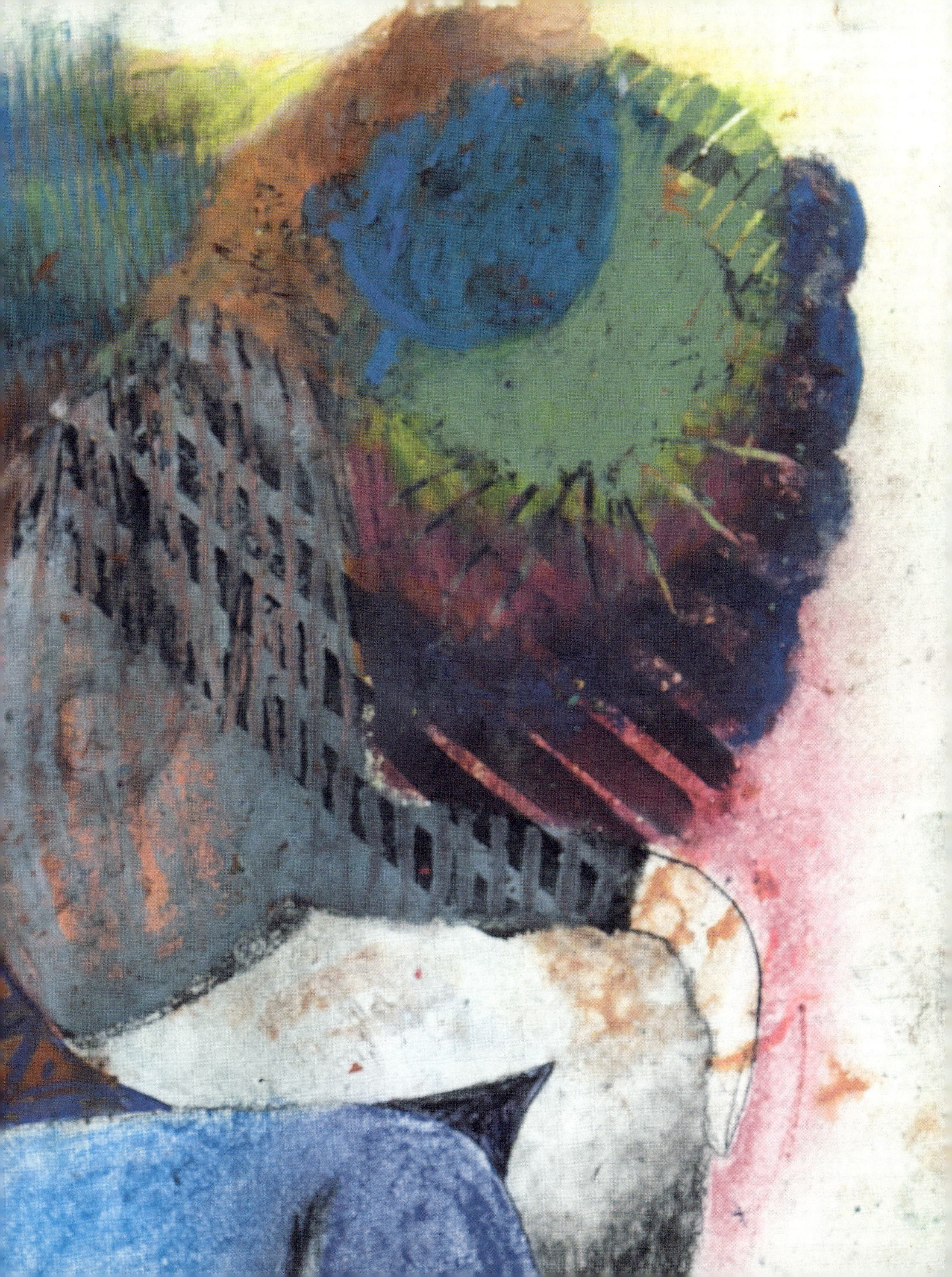

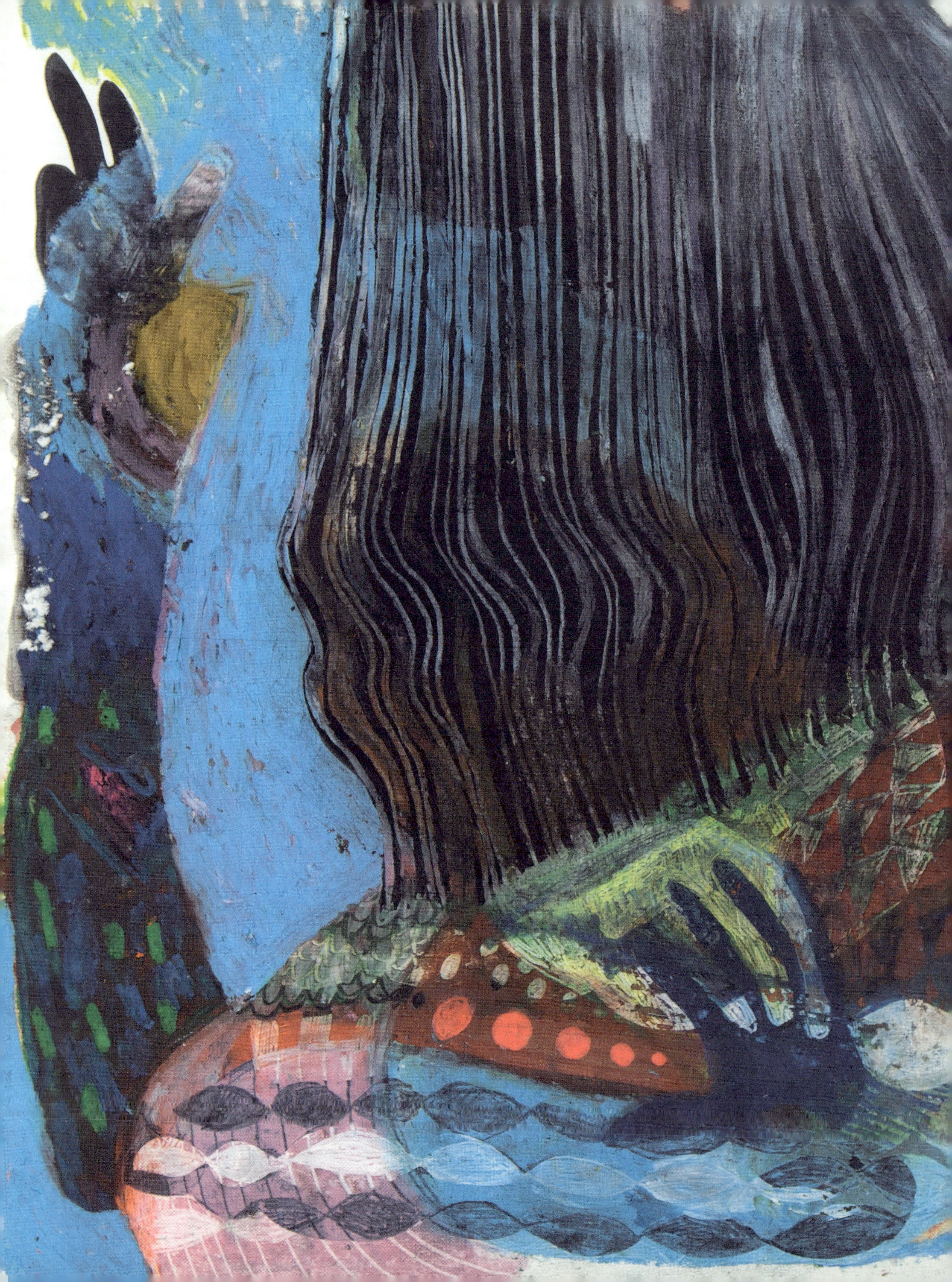

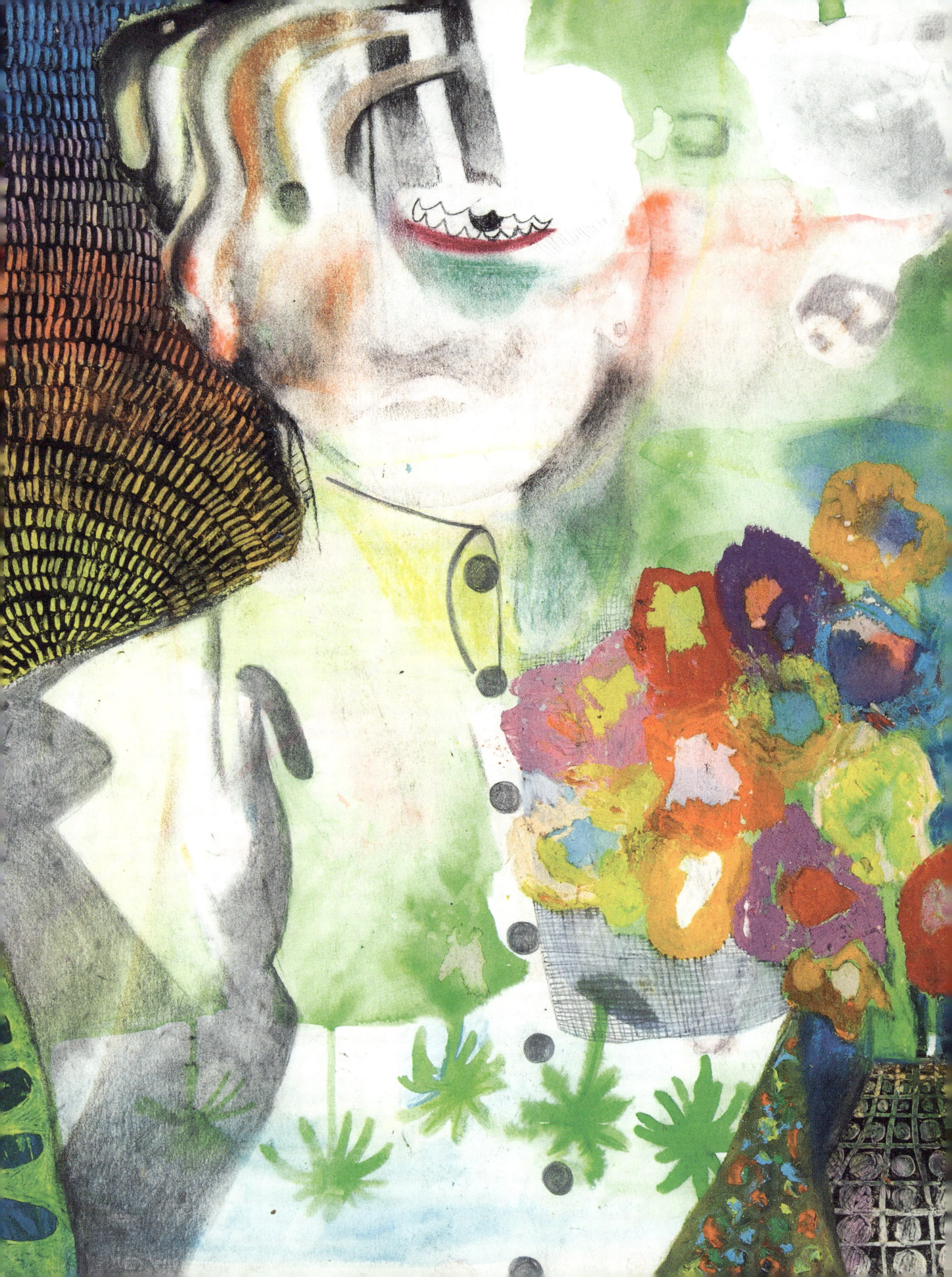

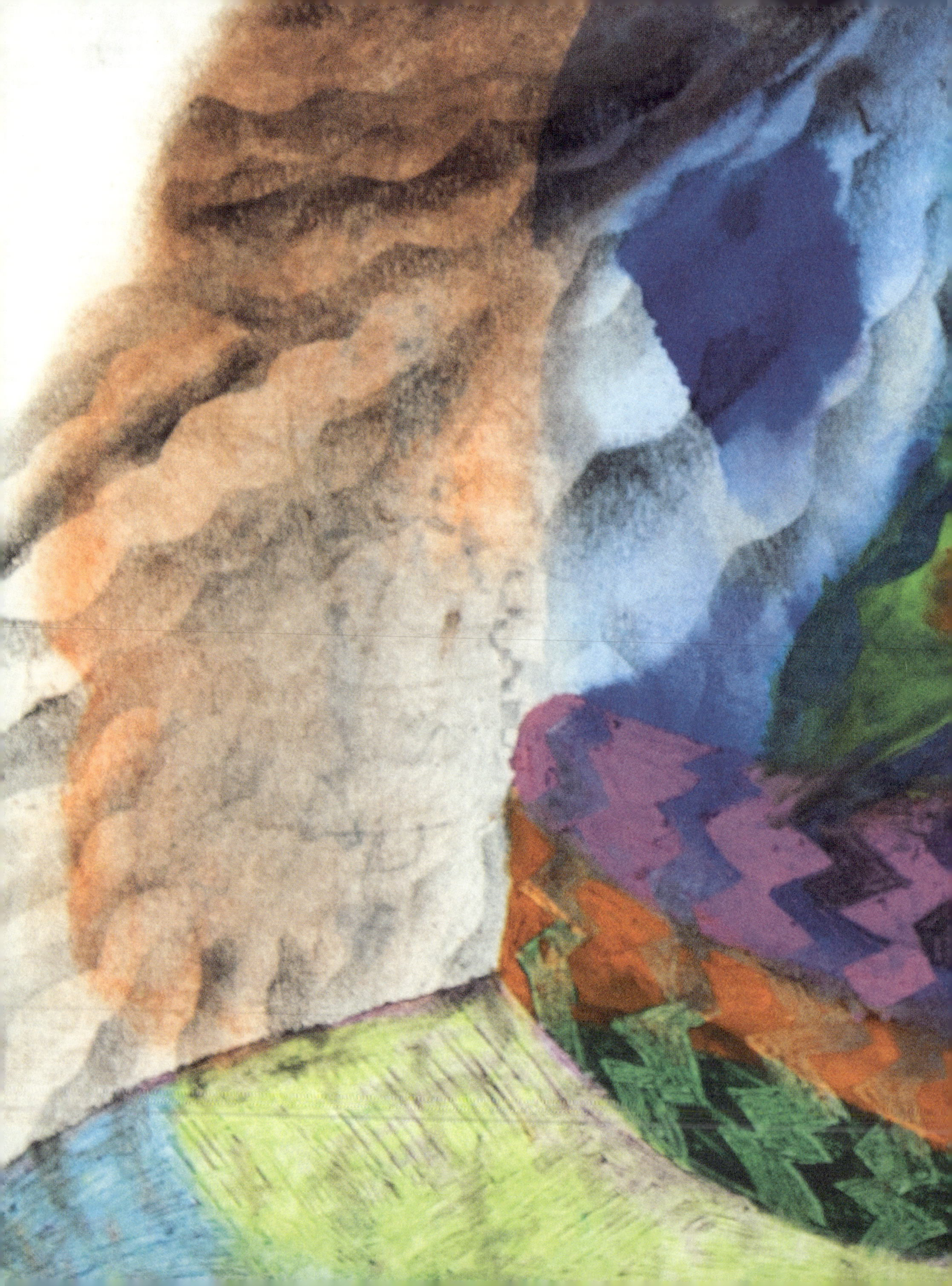

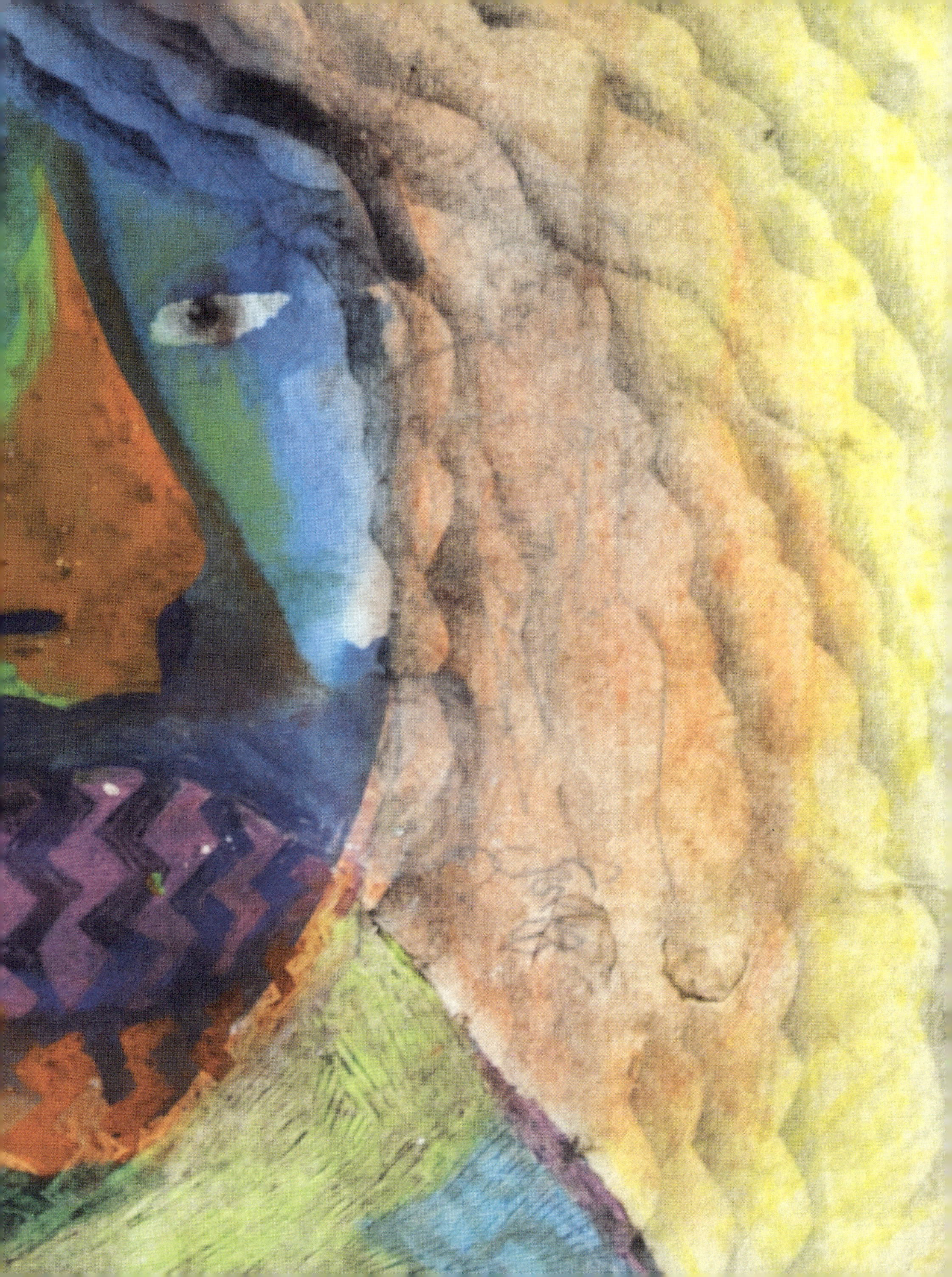

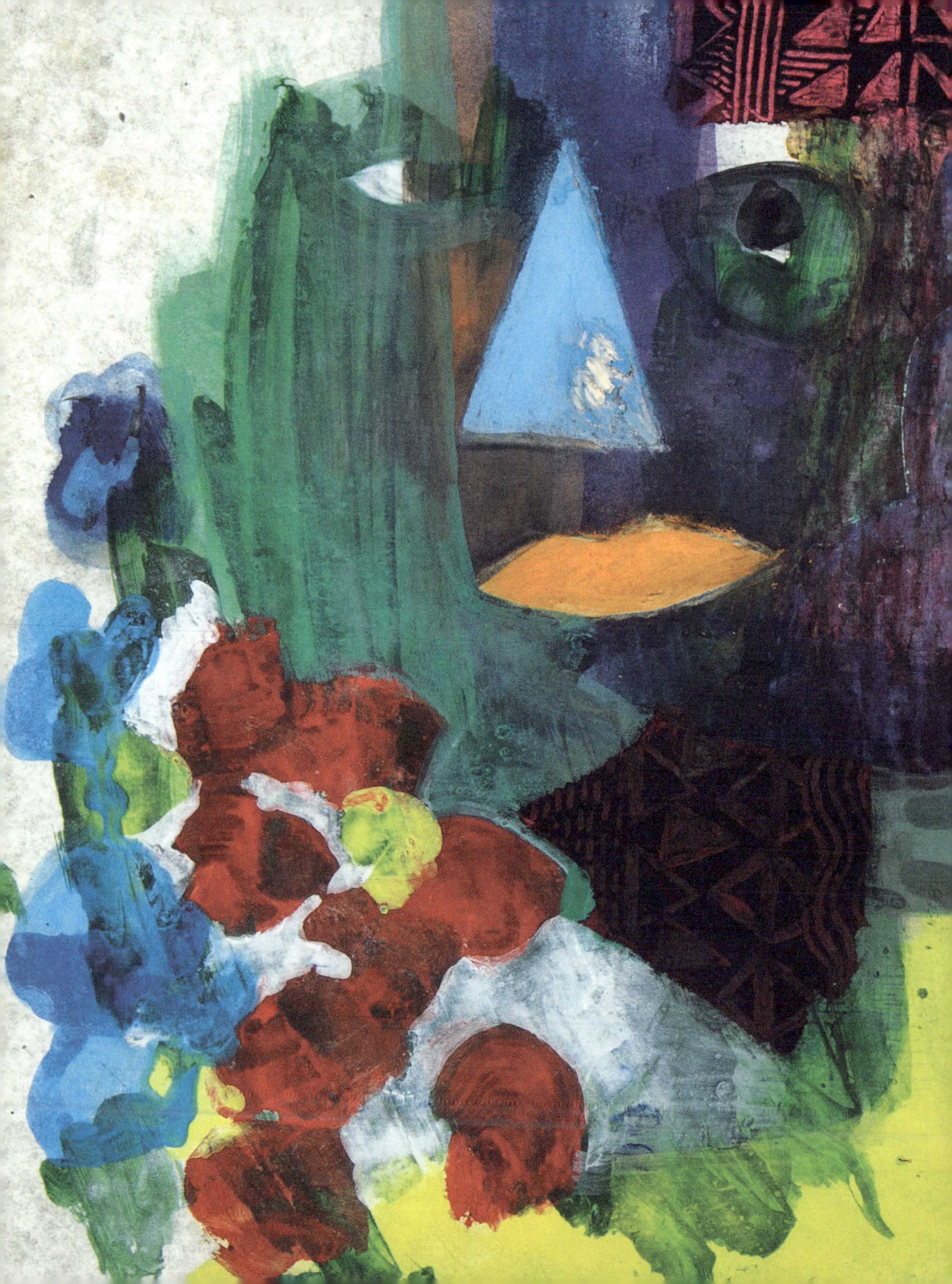

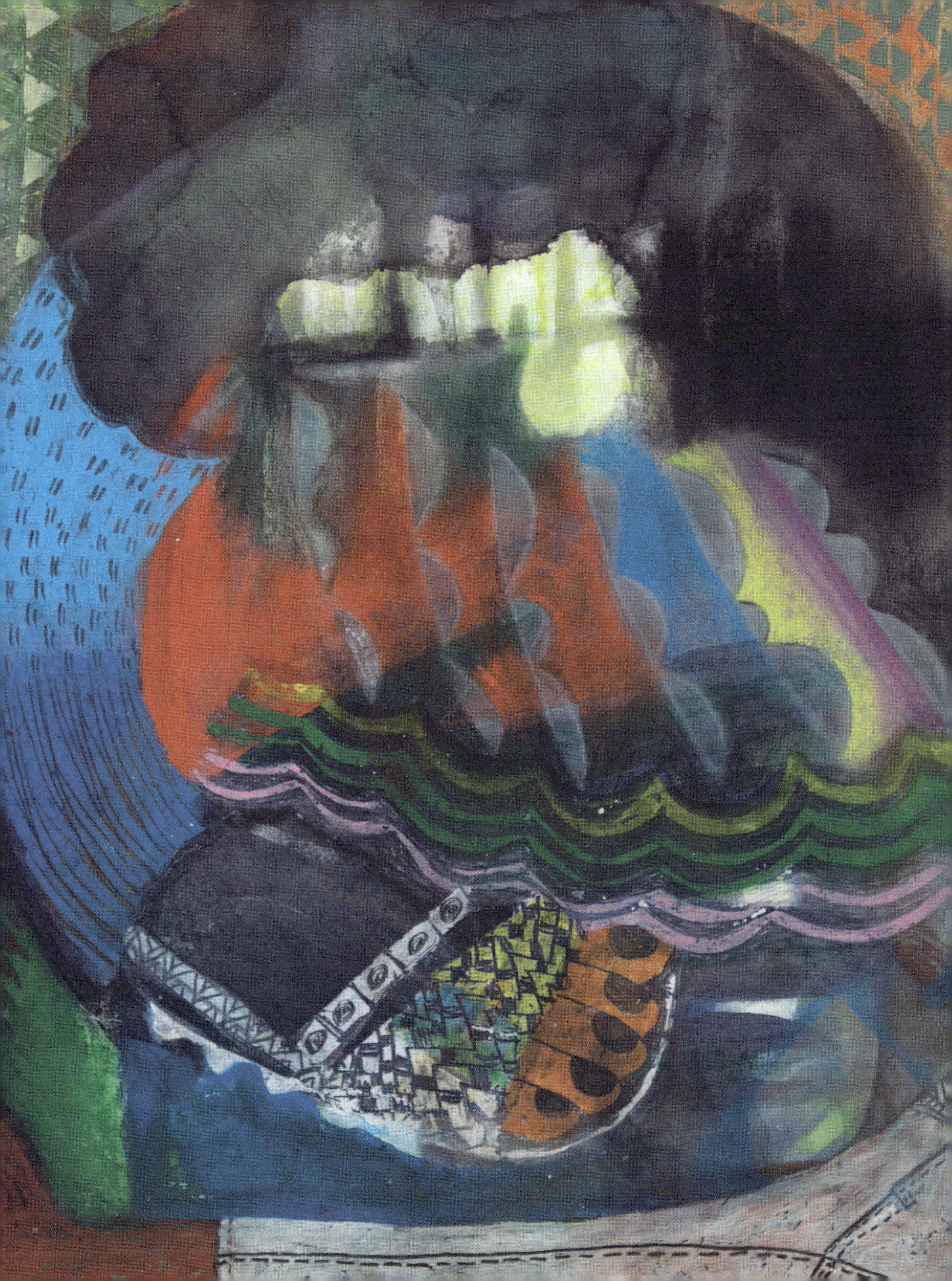

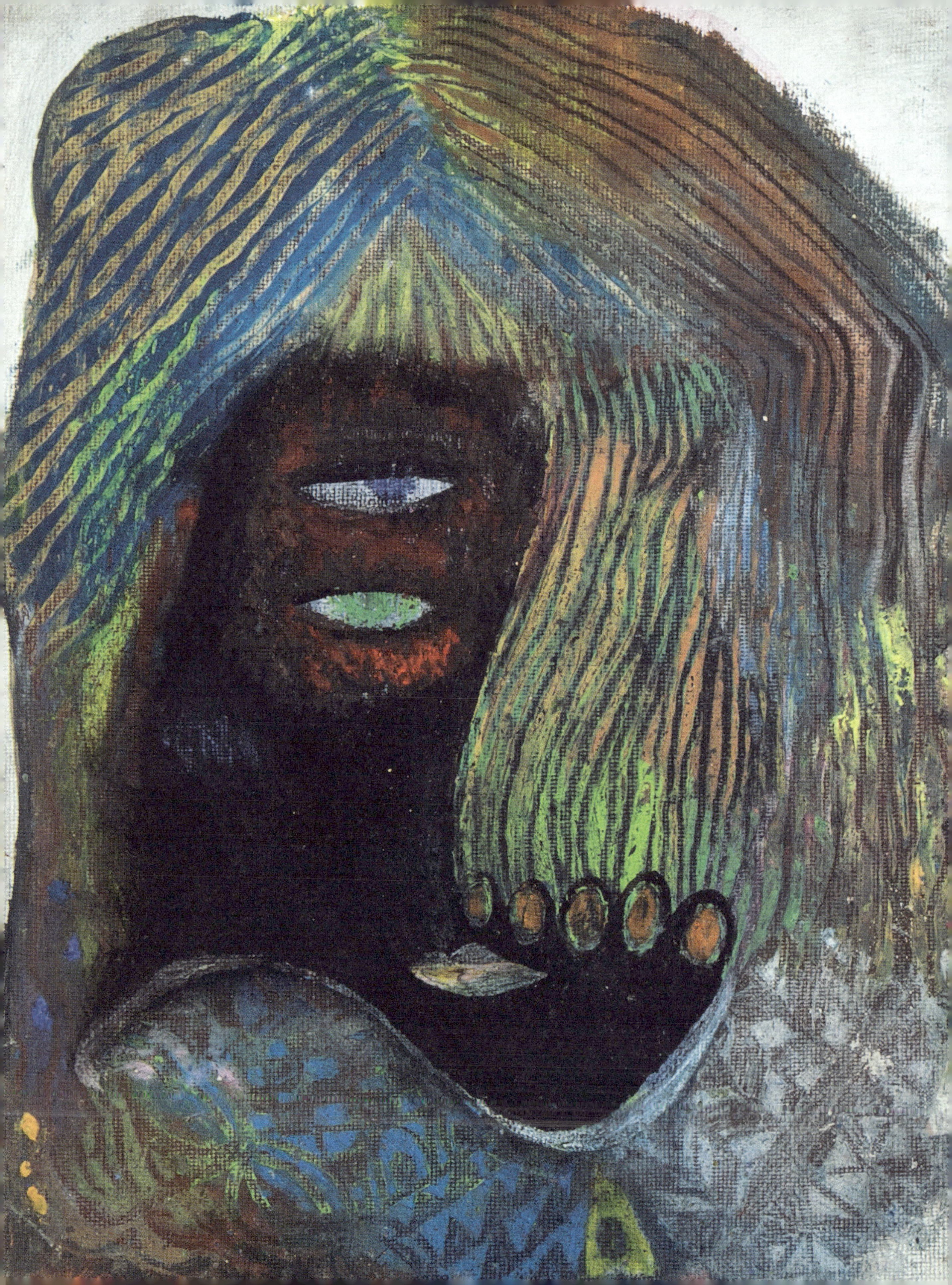

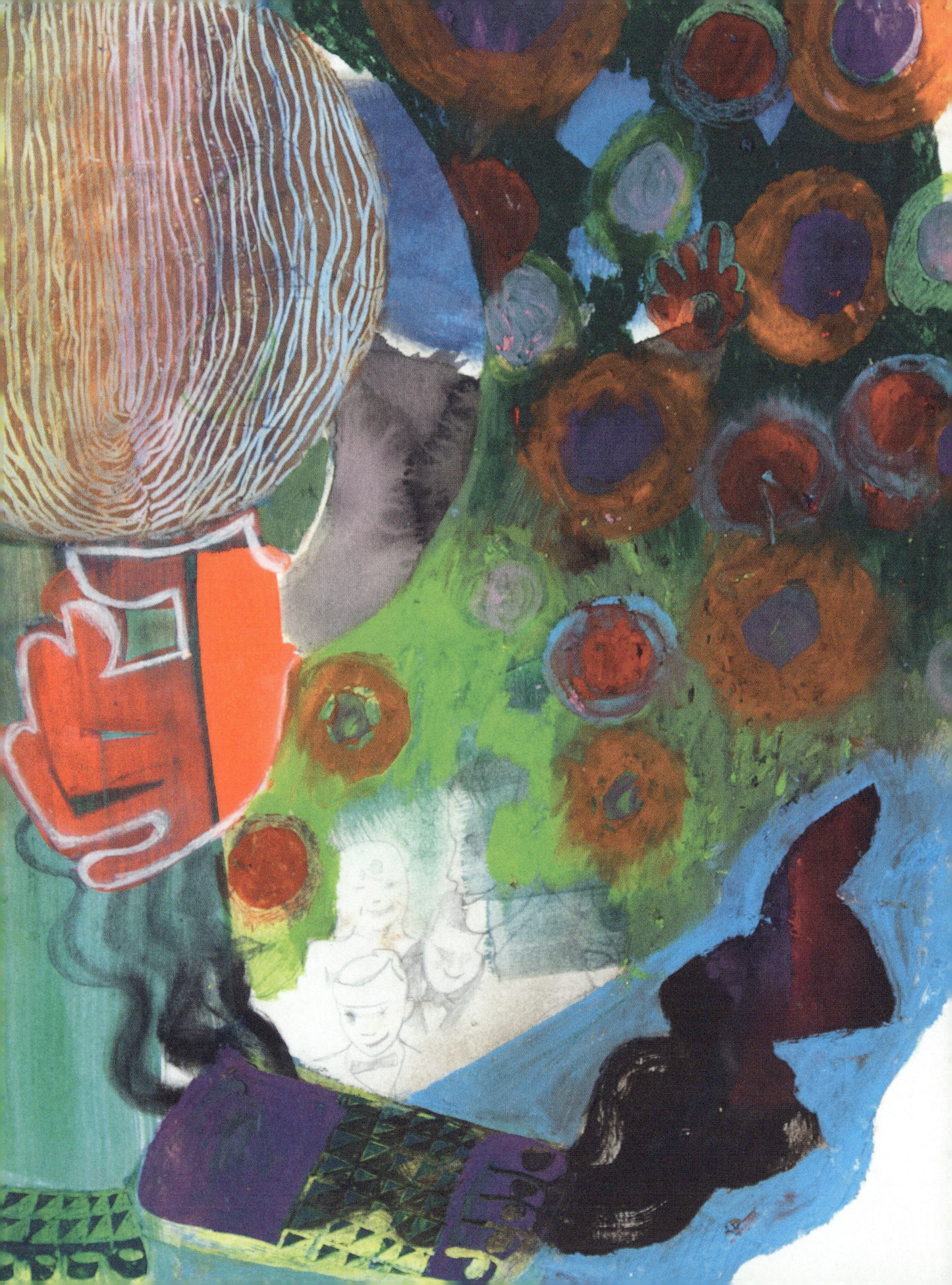

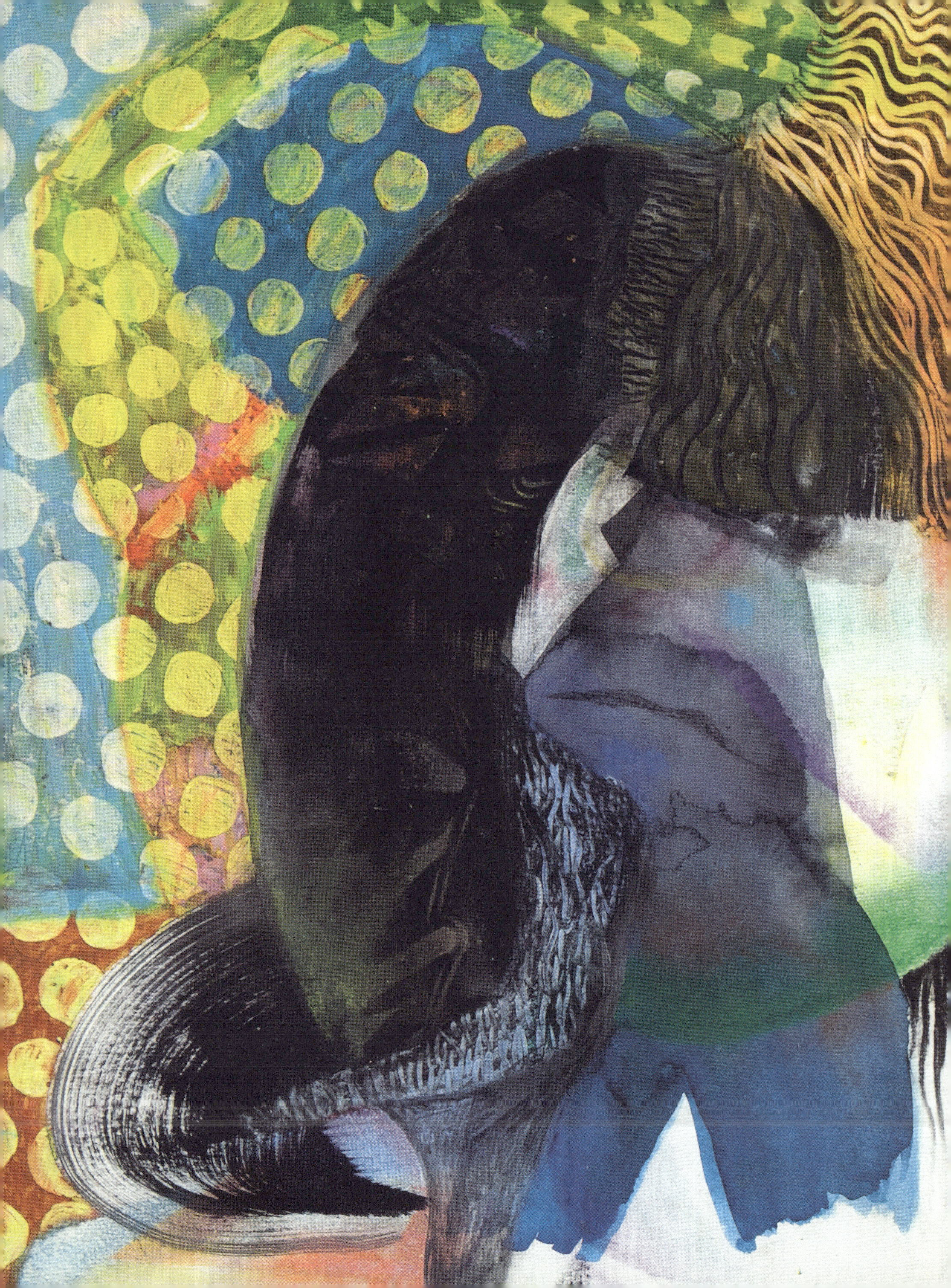

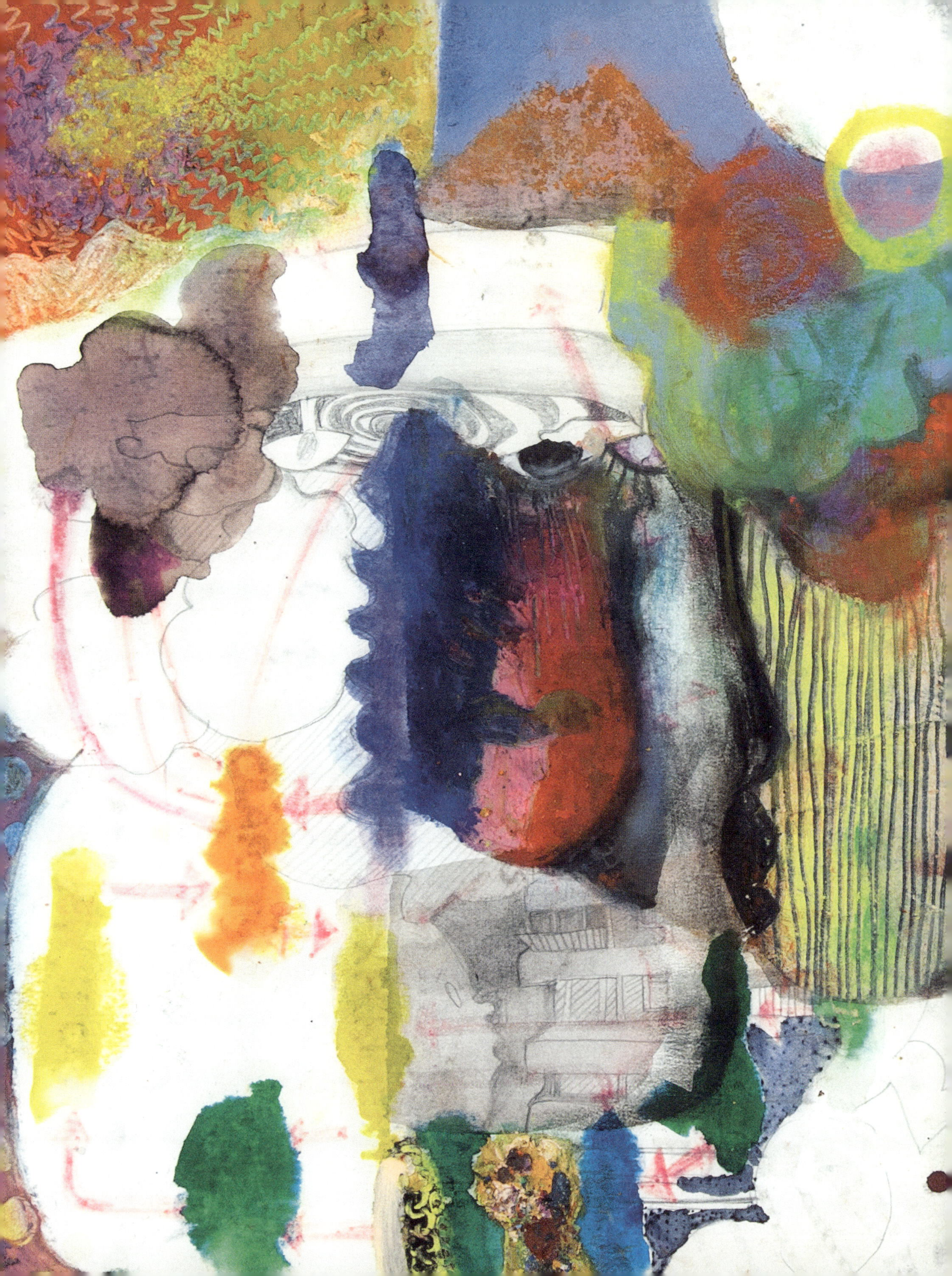

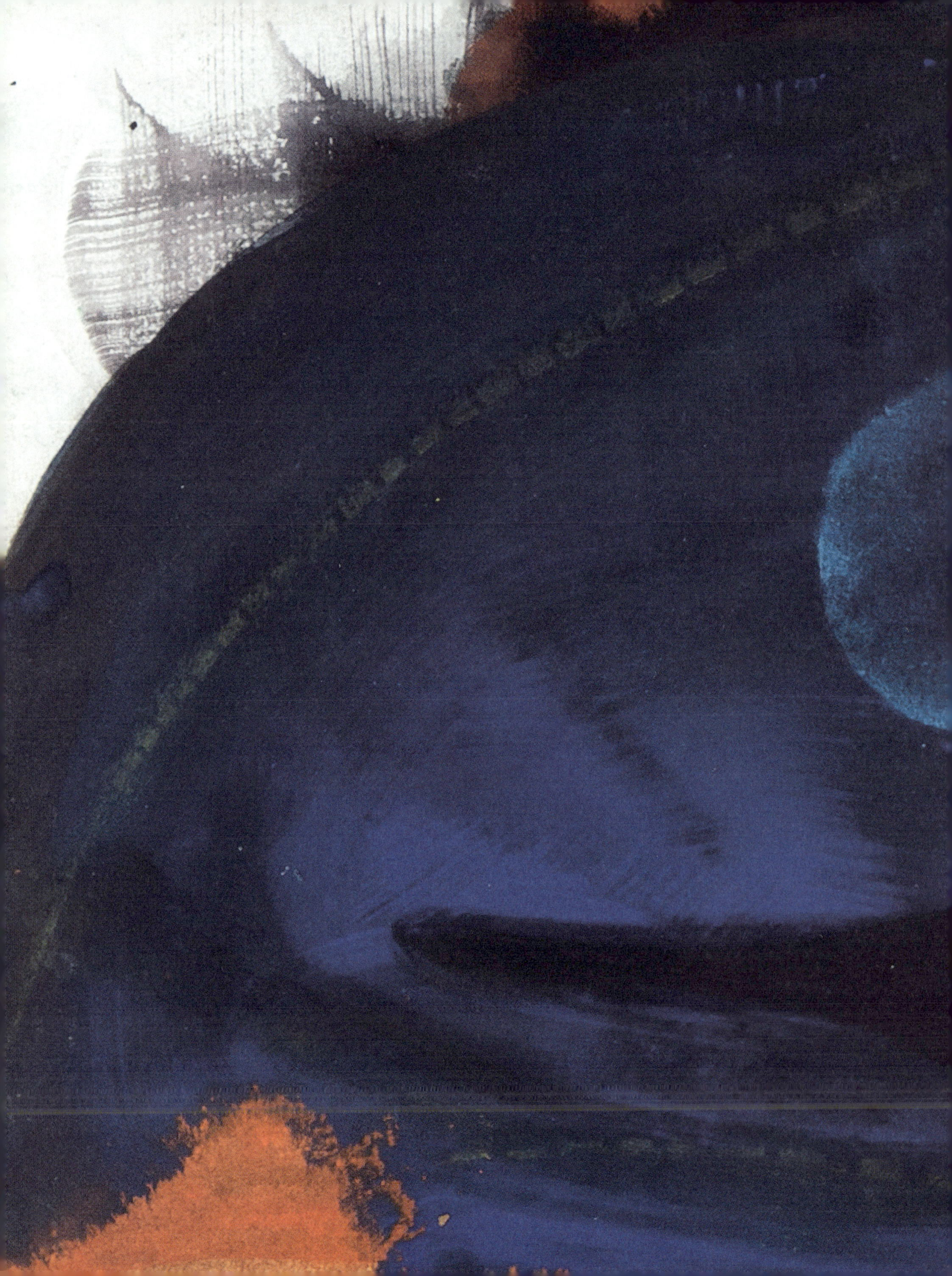

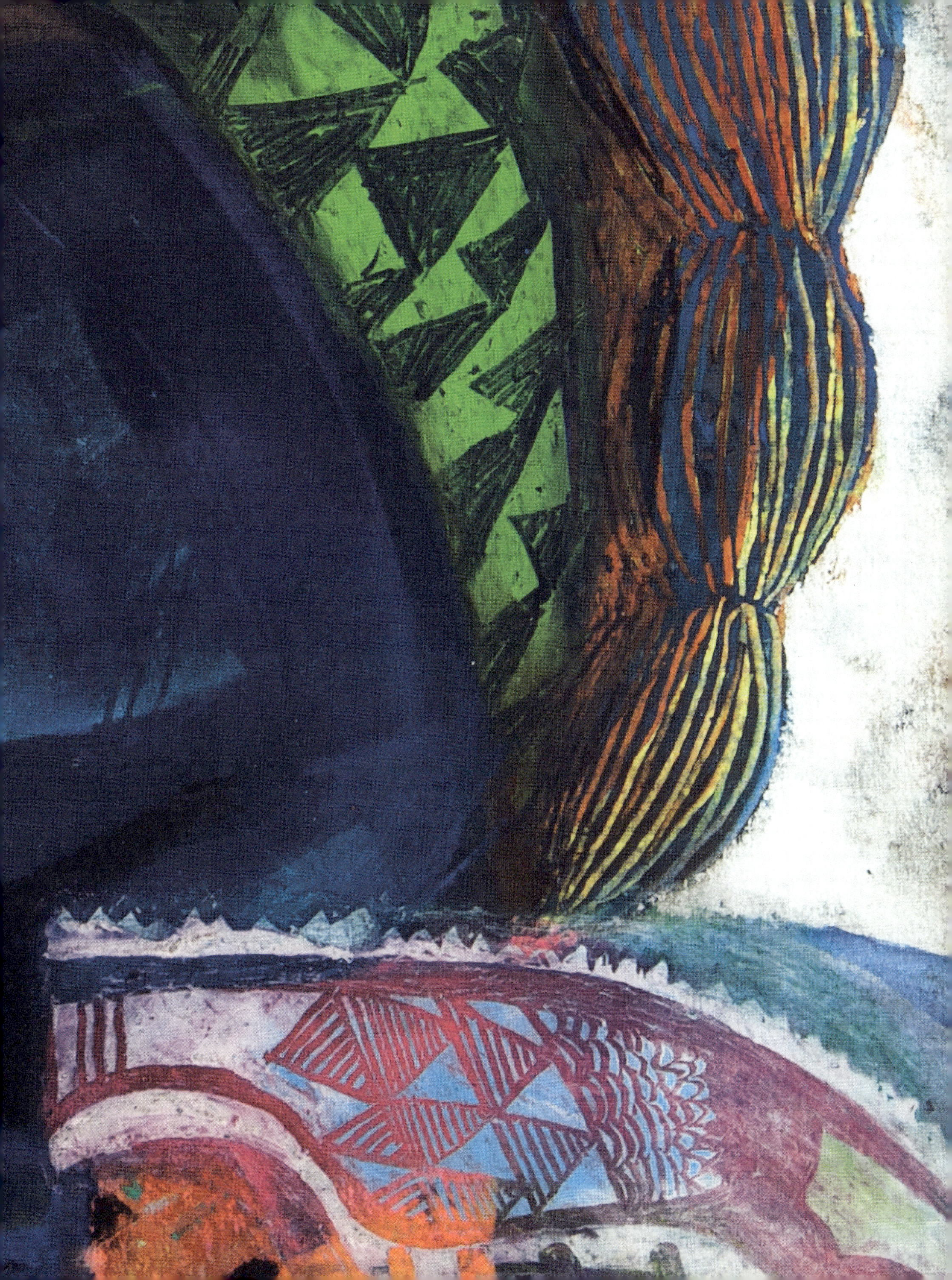

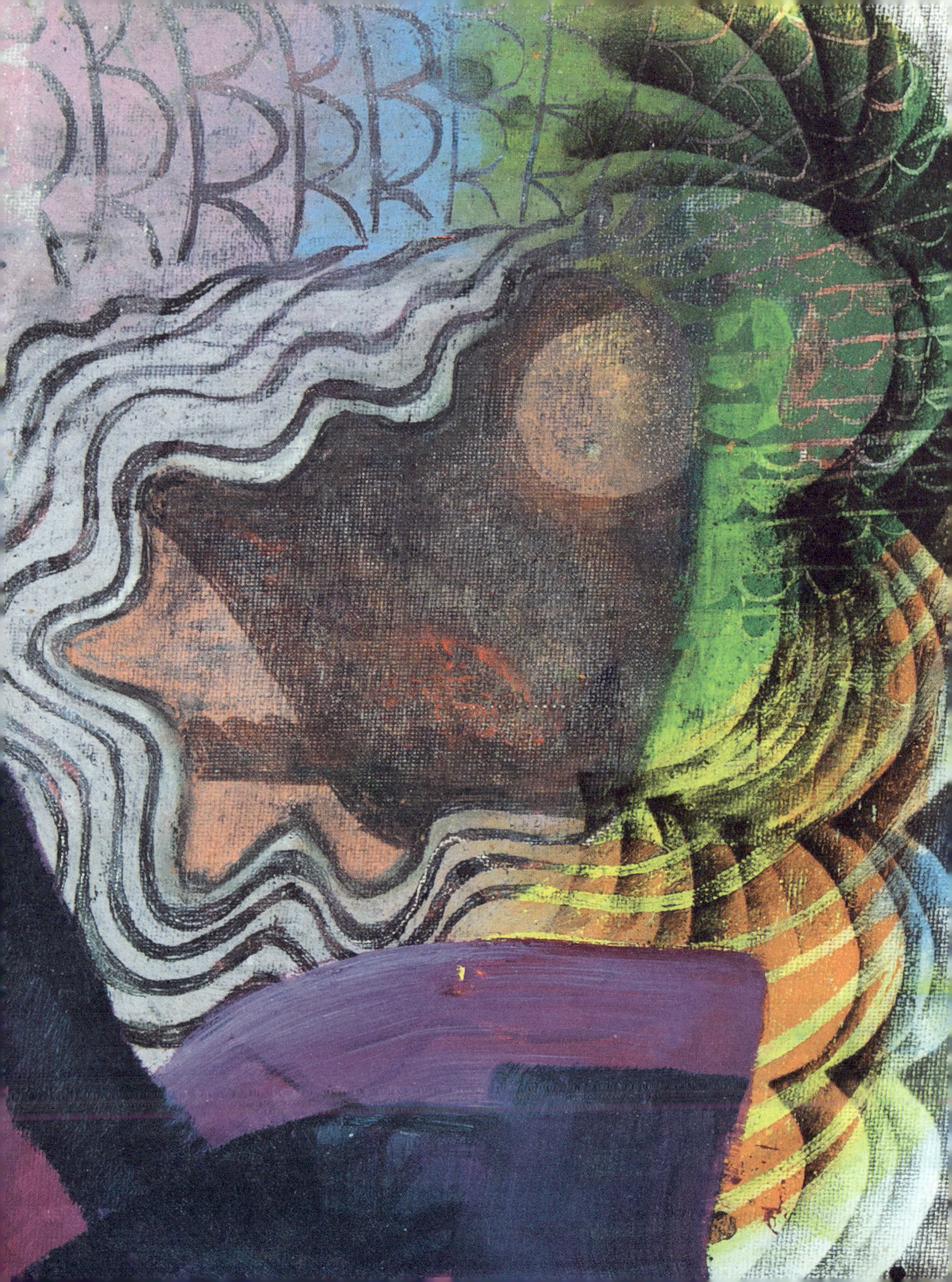

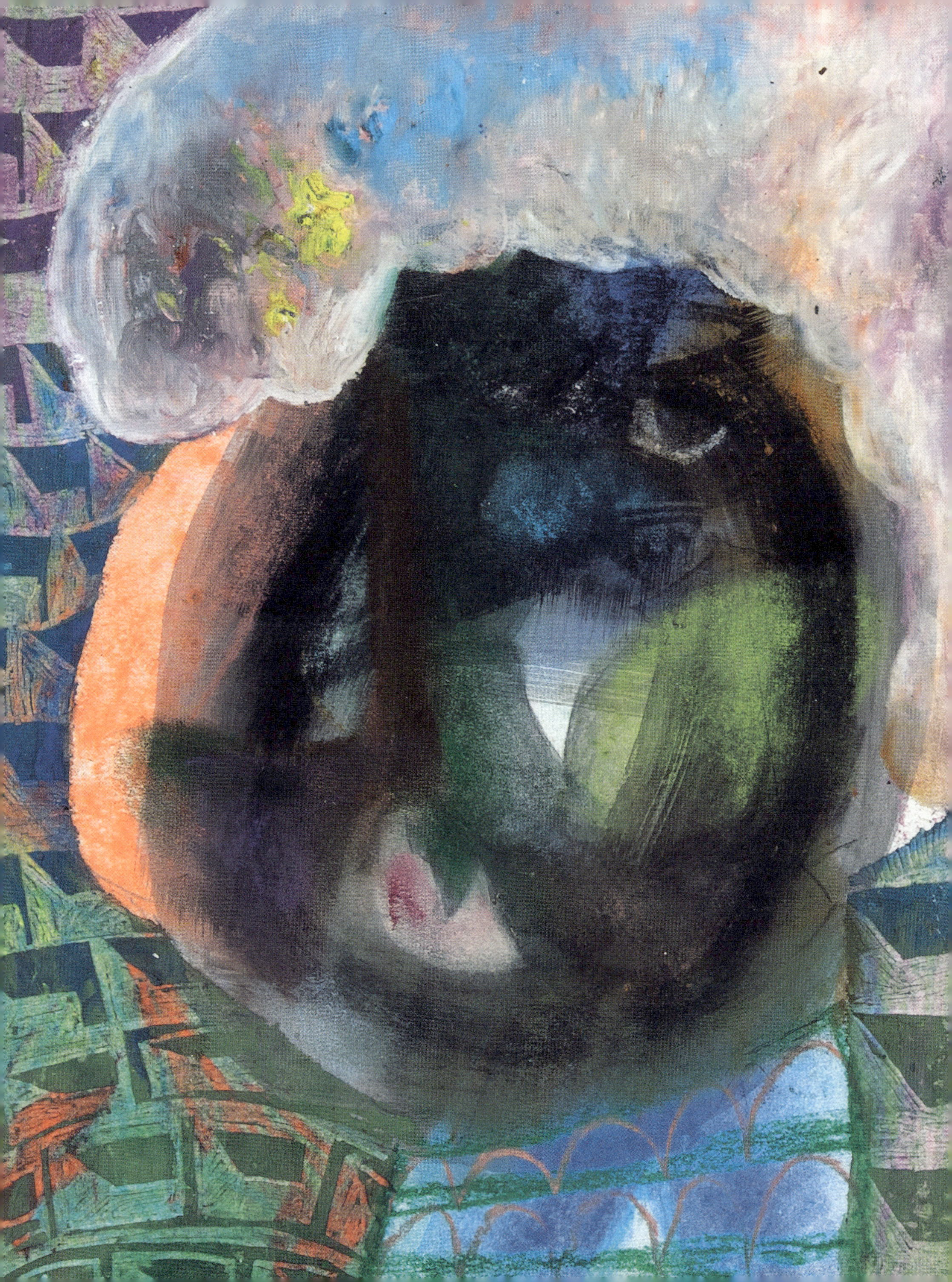

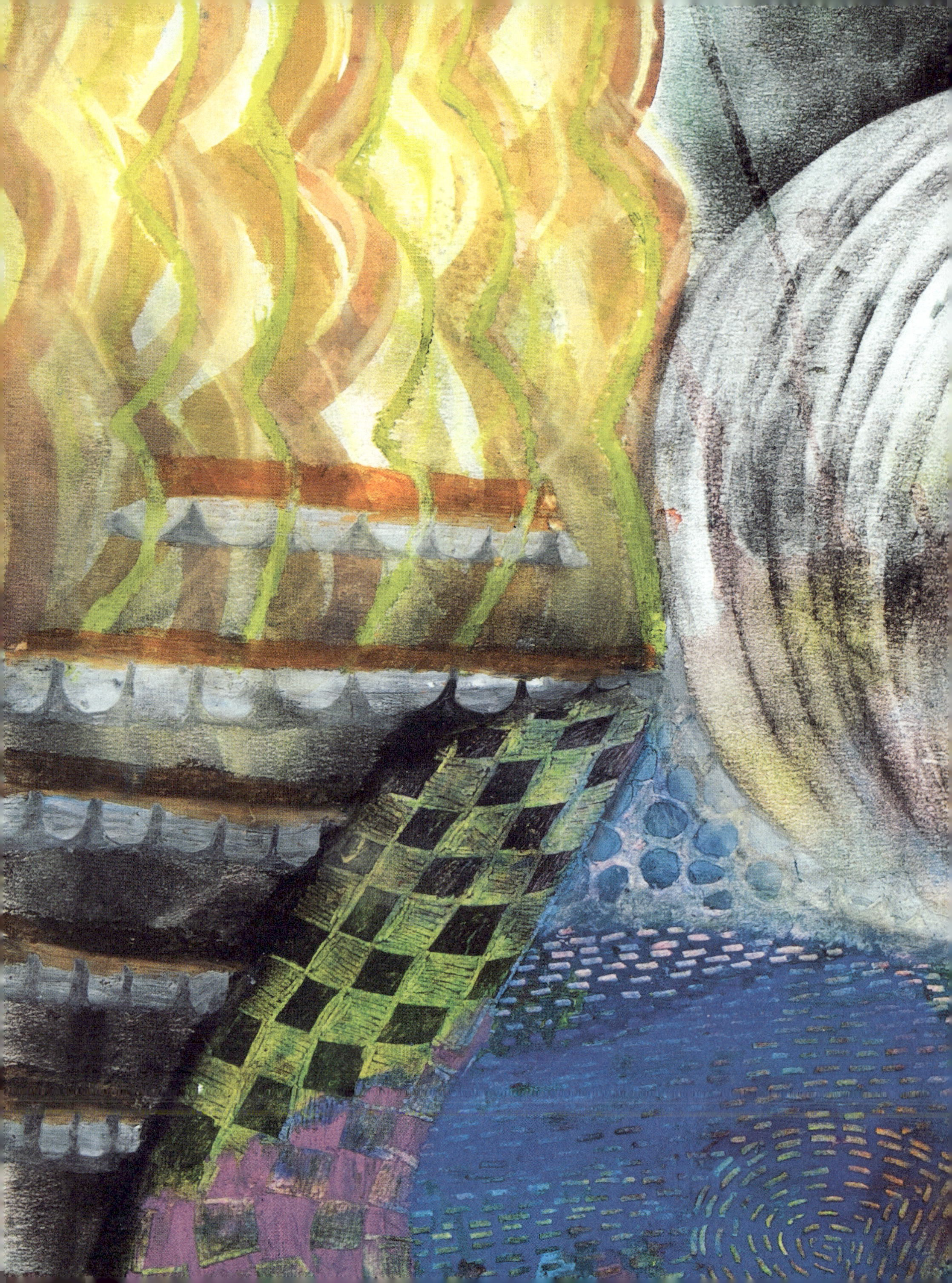

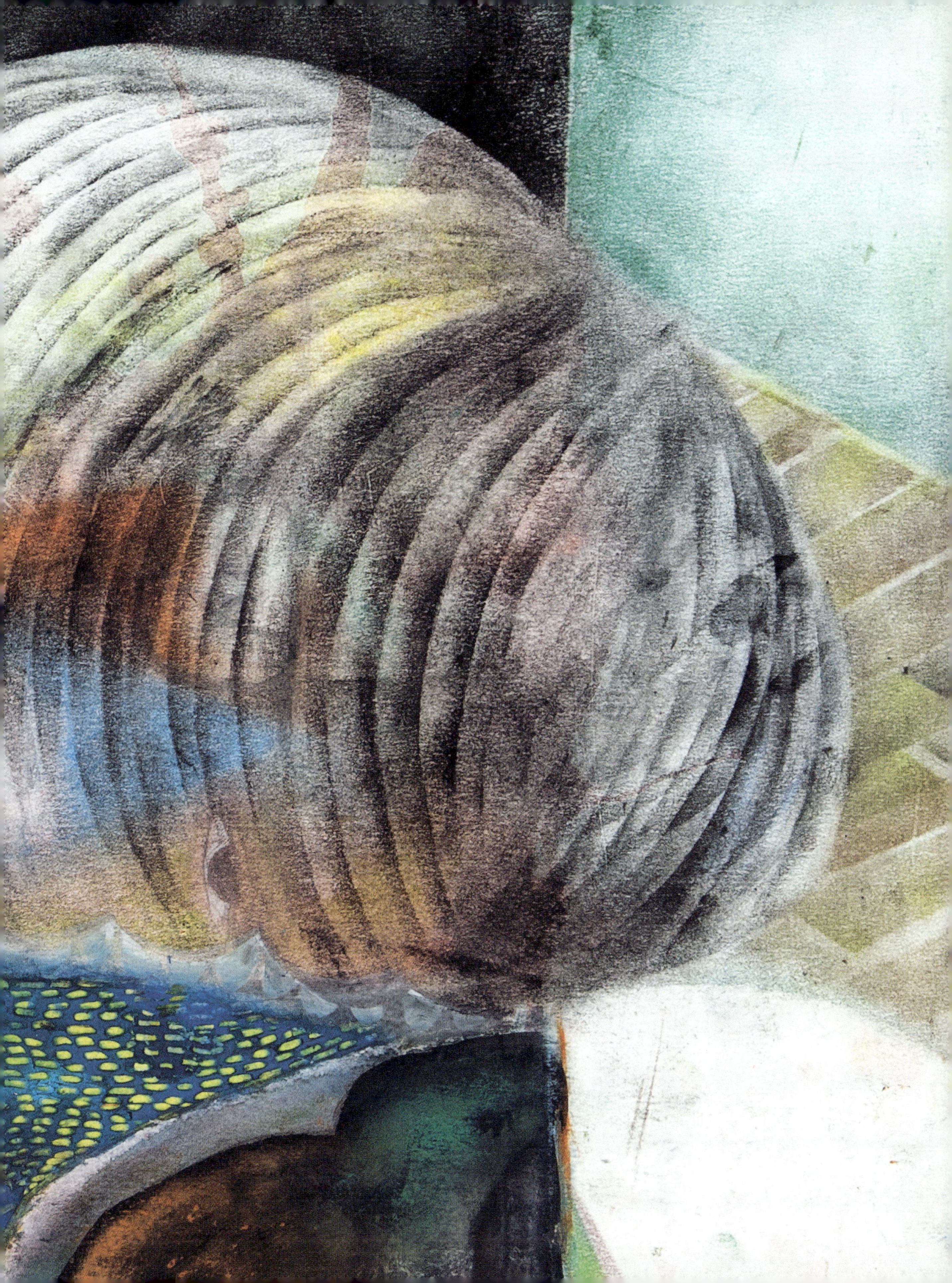

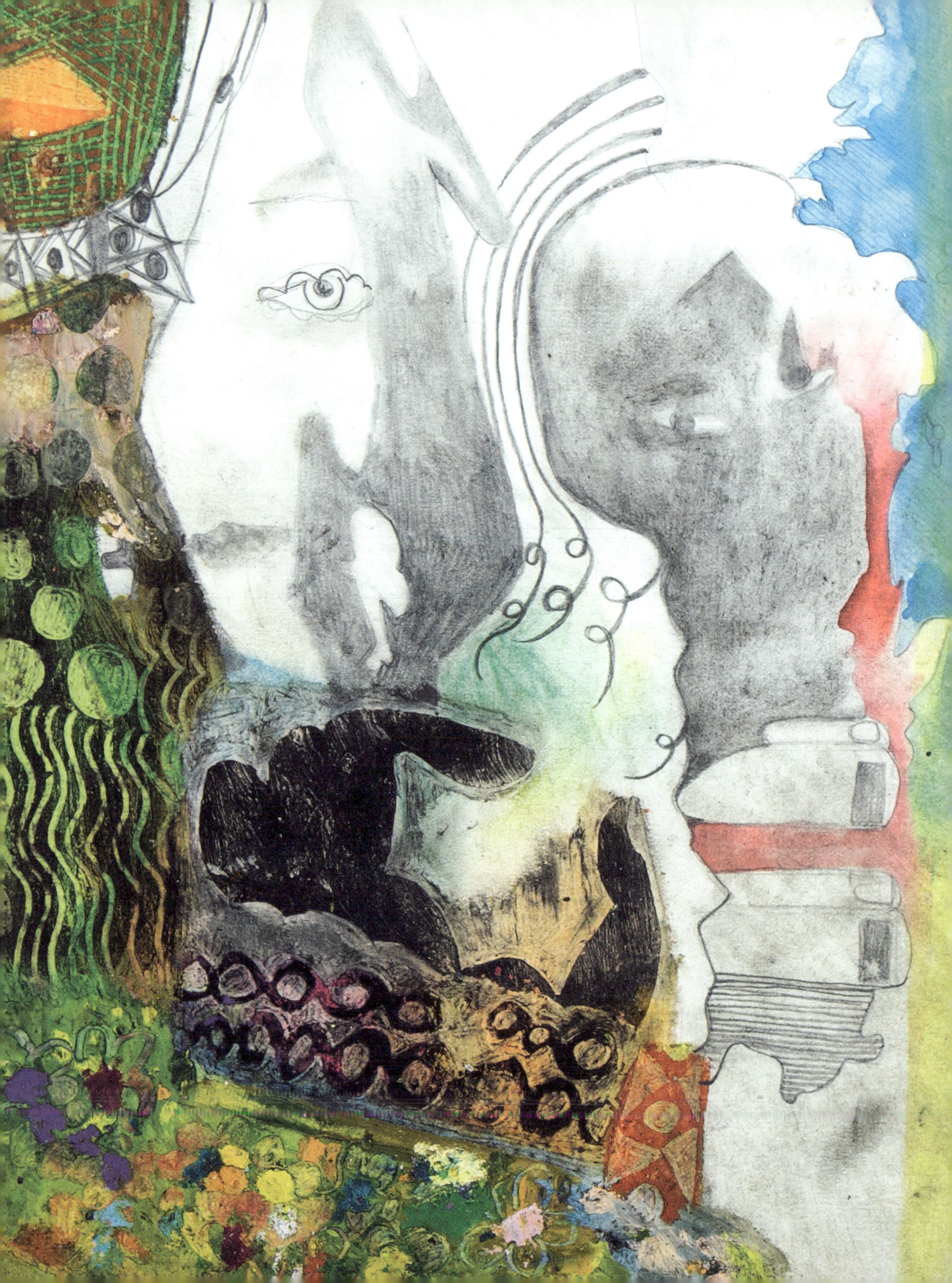

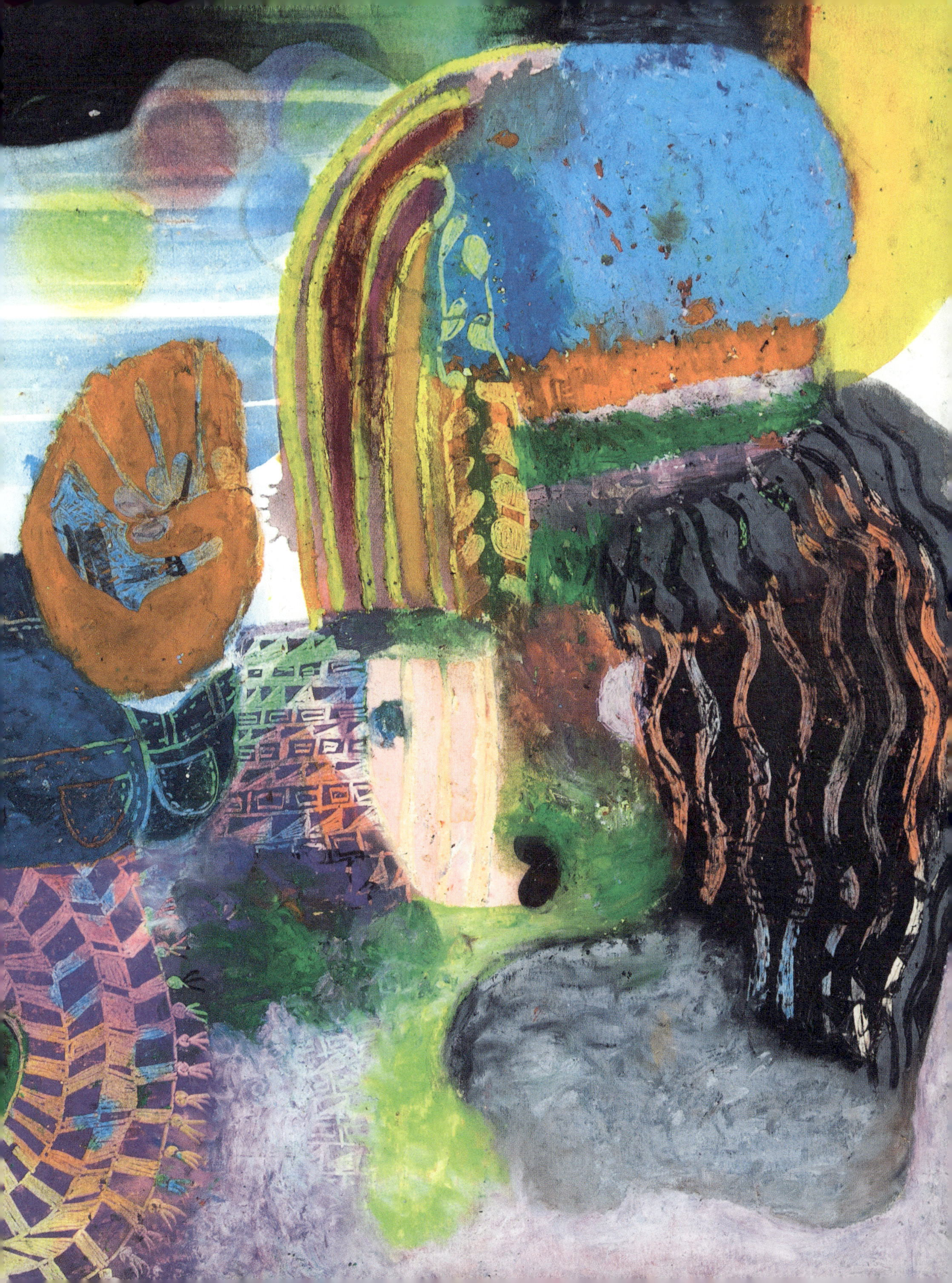

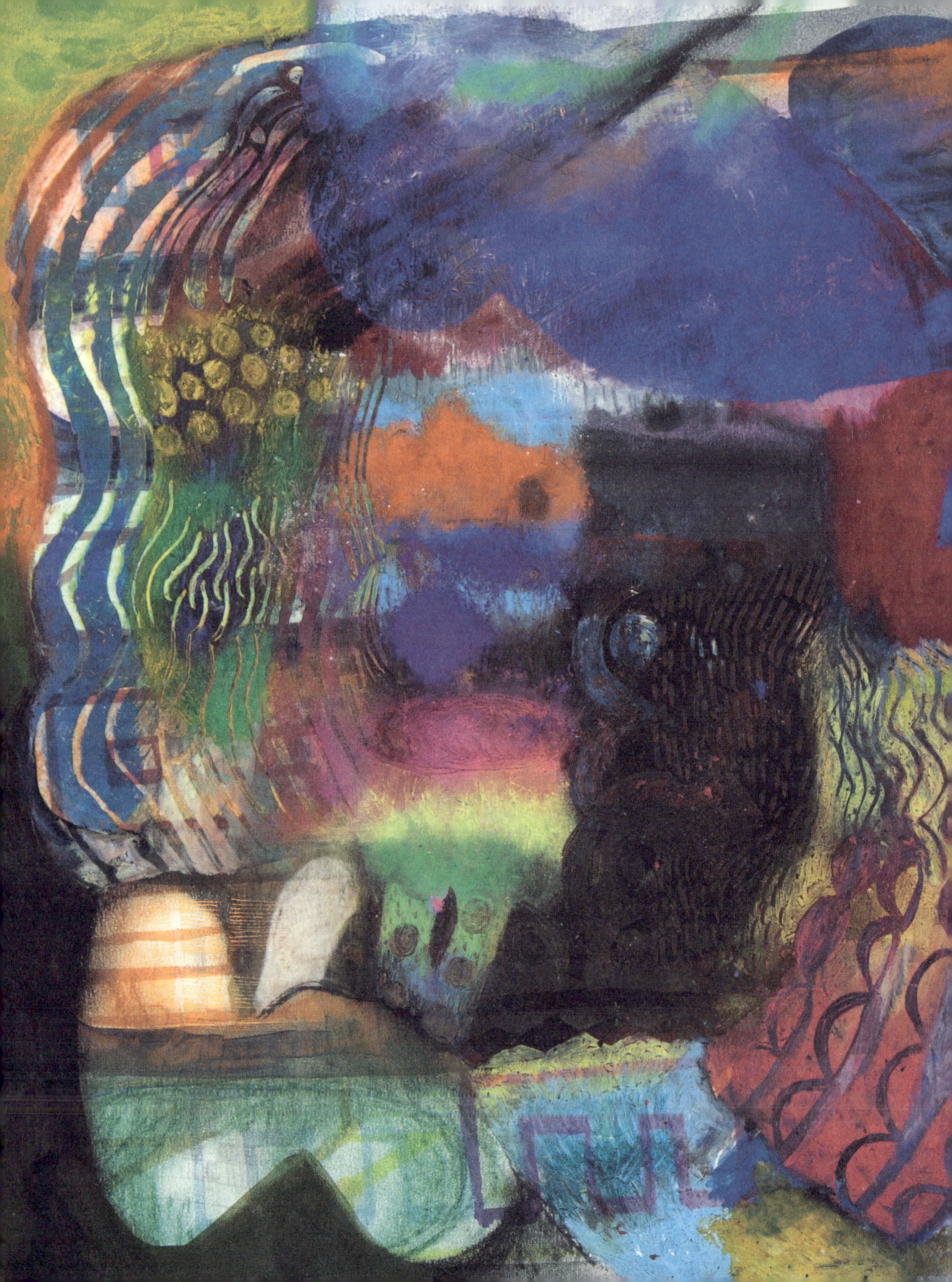

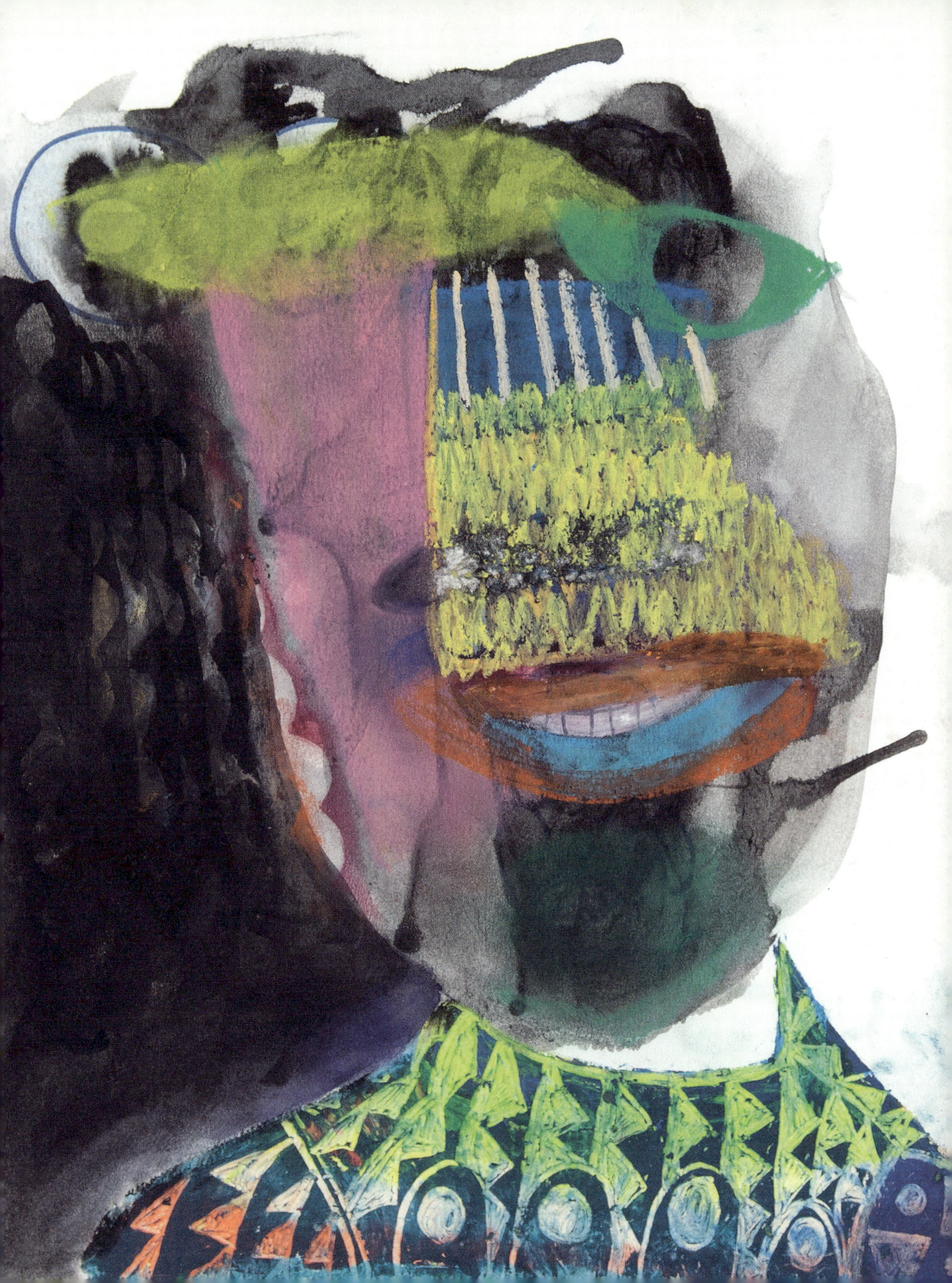

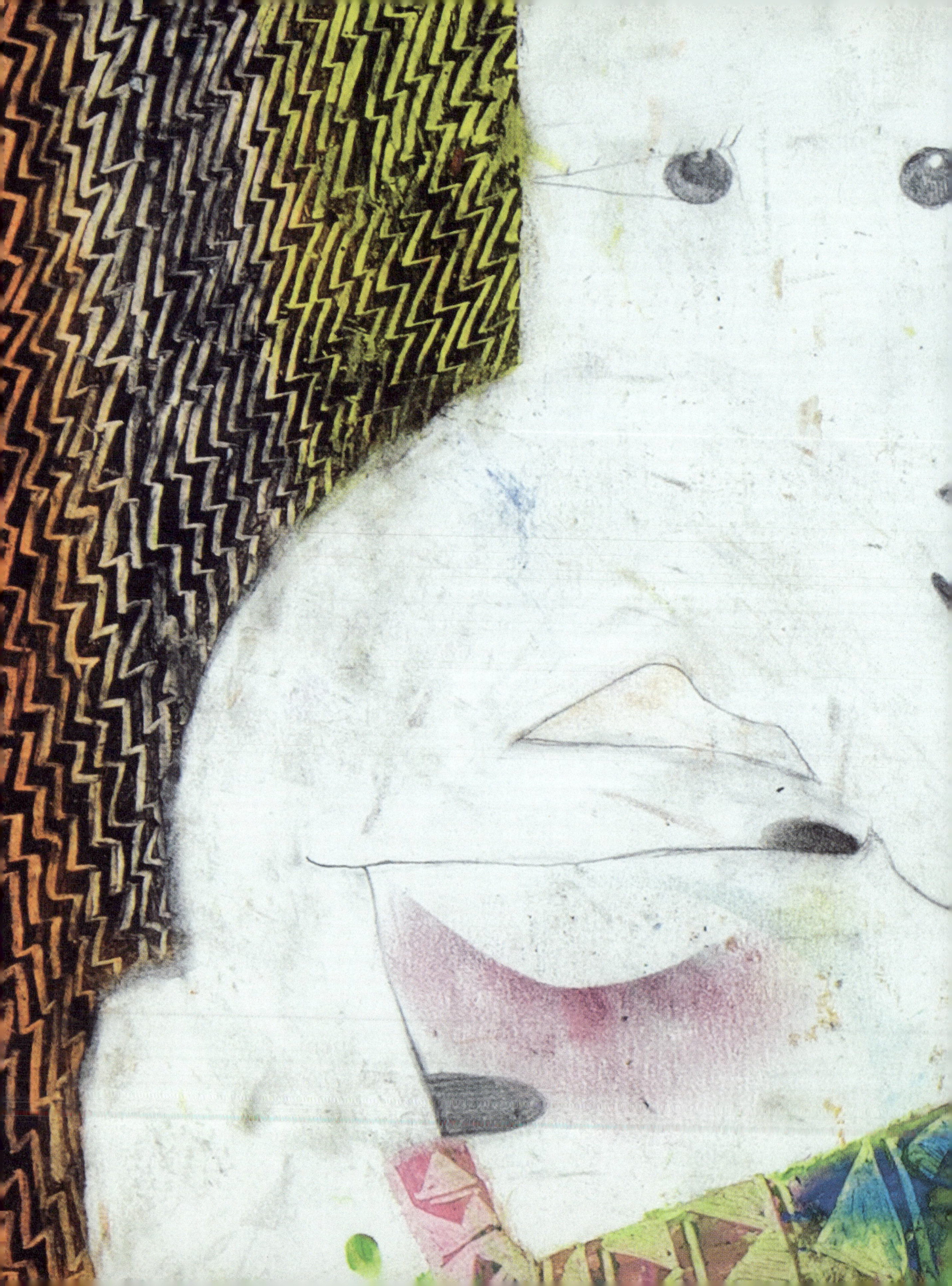

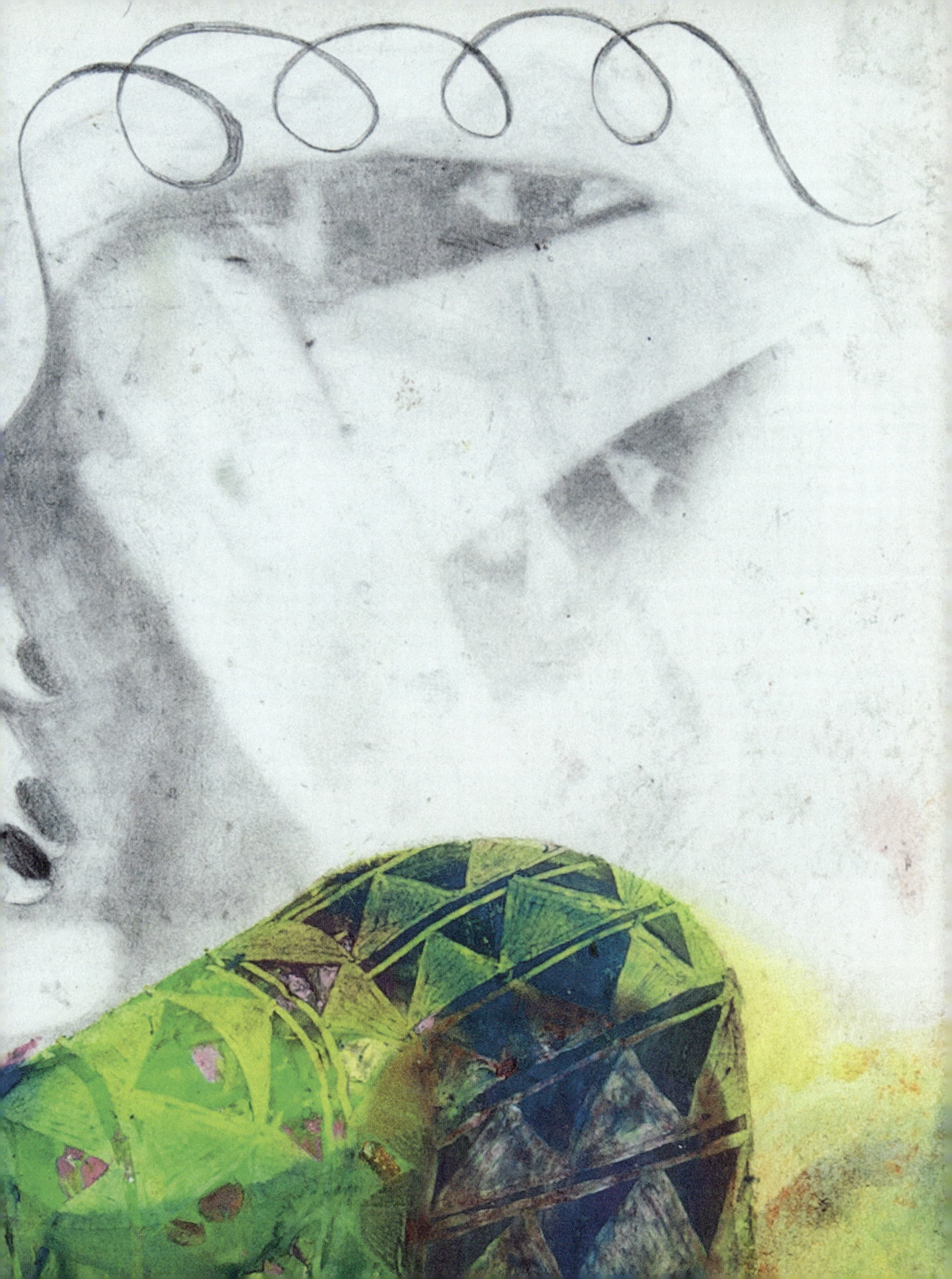

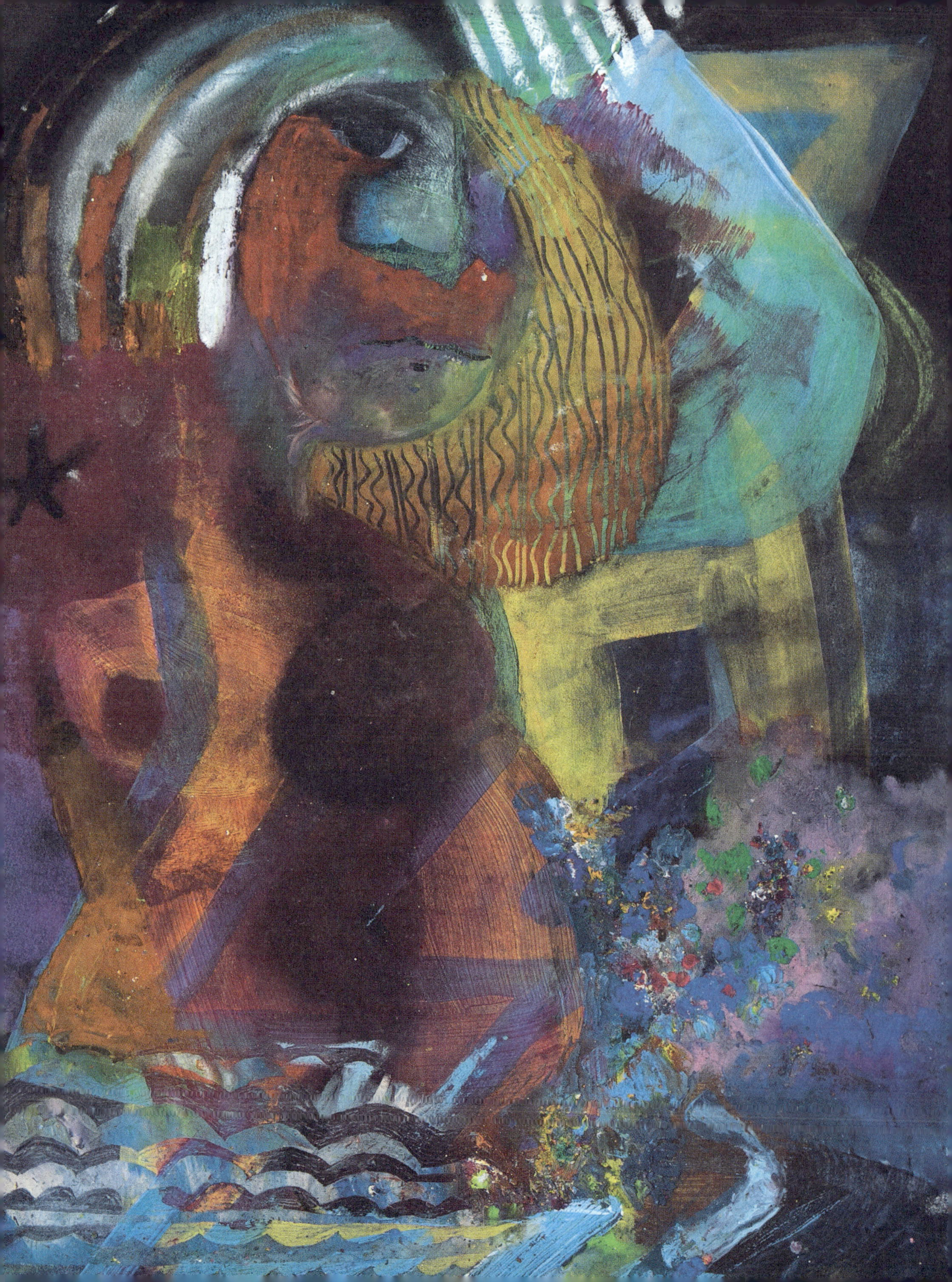

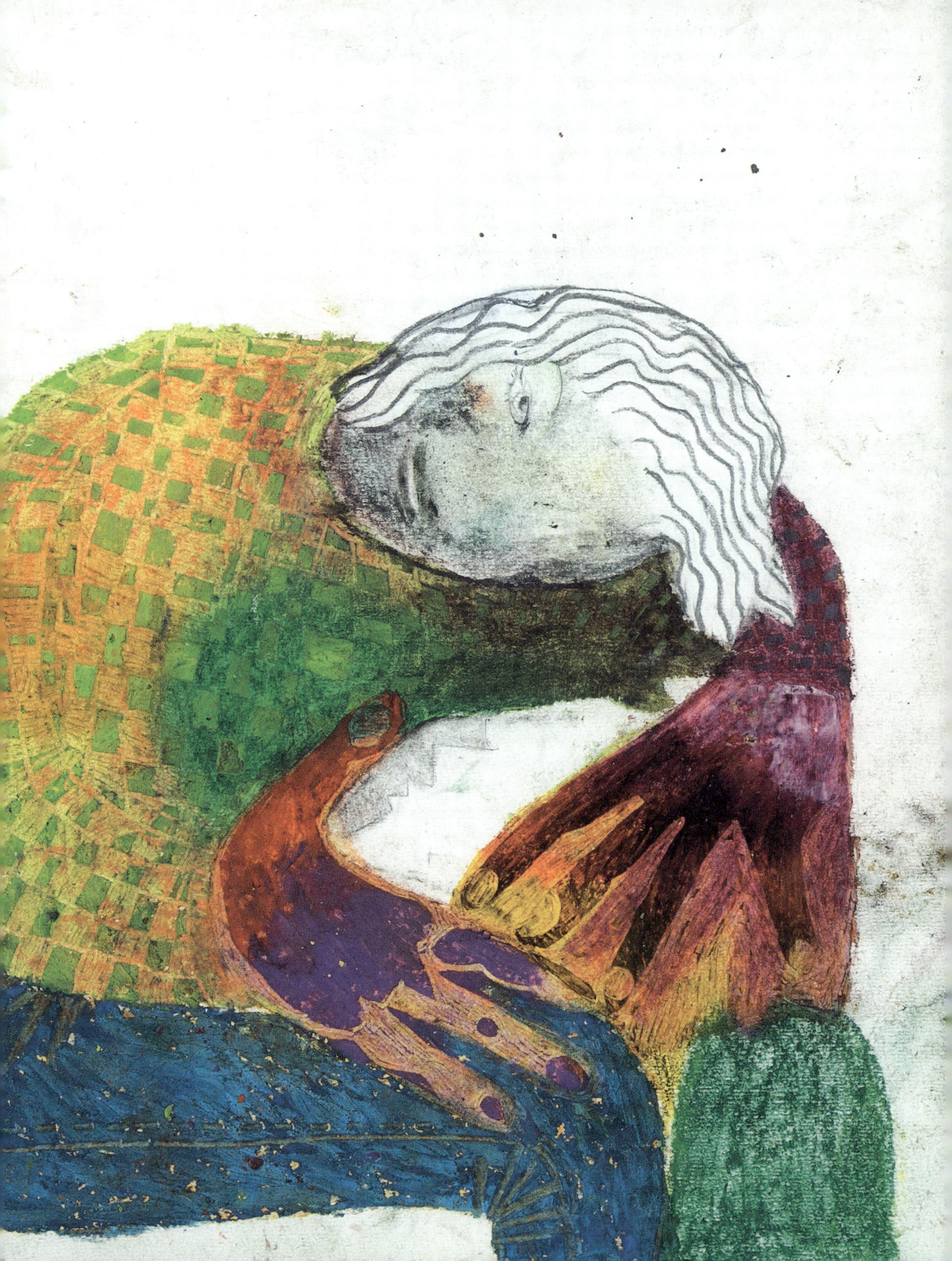

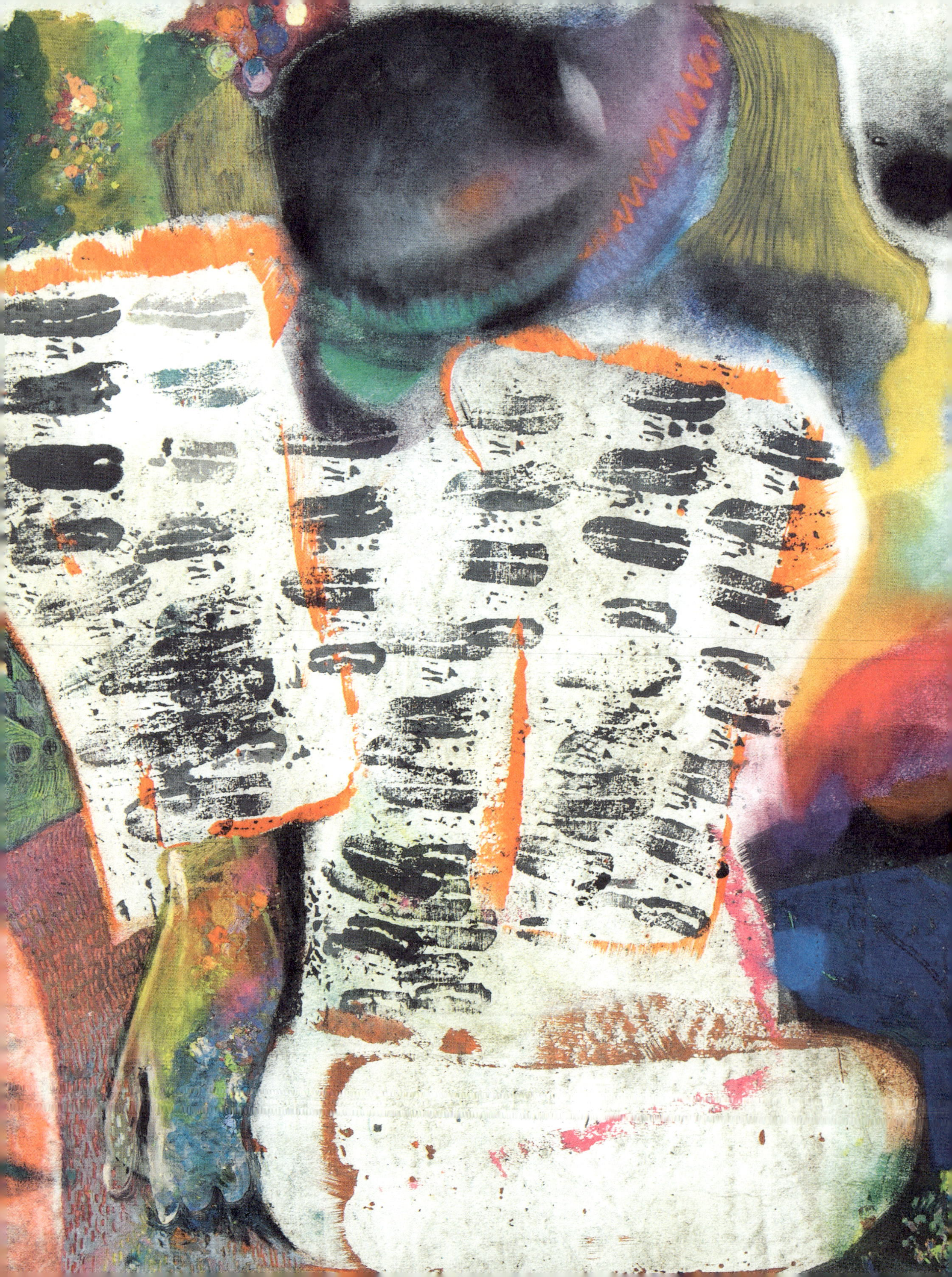

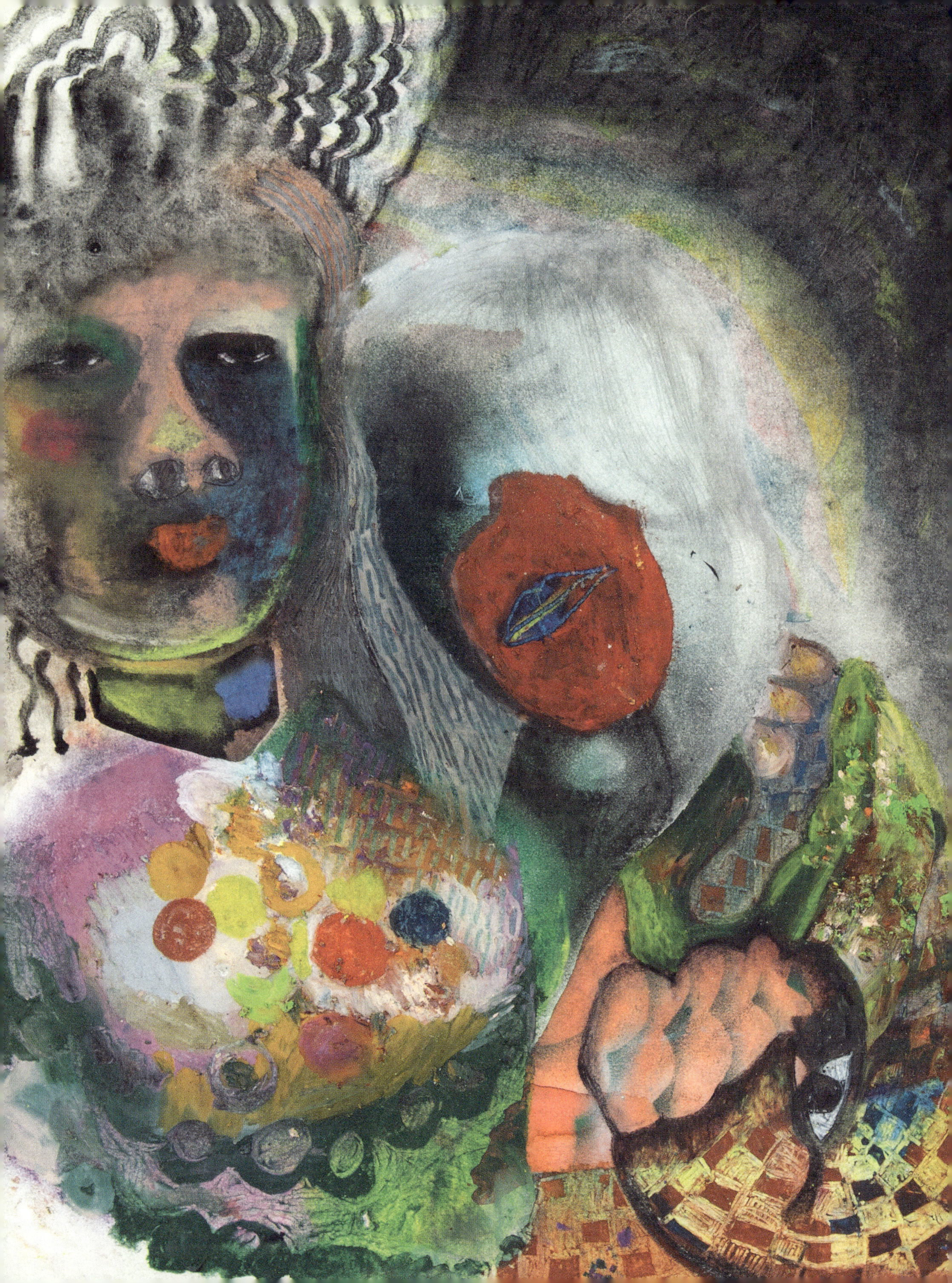

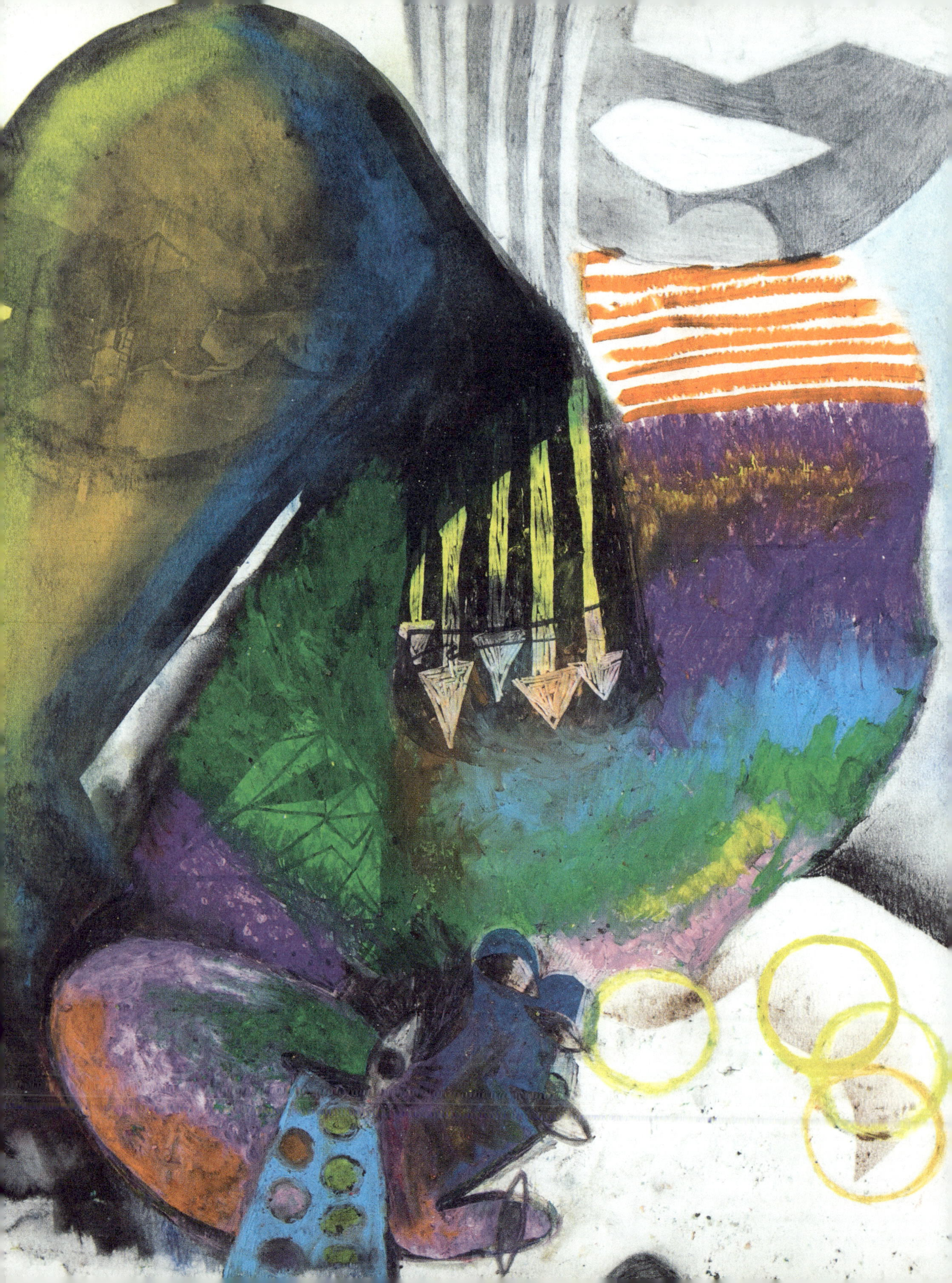